Javaではじめる「ラムダ式」

```
button.addActionListener(
  new ActionListener(){
    @Override
    public void actionPerformed
(ActionEvent e) {
      label.setText("Hello");
    }
  }
);
```

```
button.addActionListener(
 (e)->{
 label.setText("Hello"); }
);
```

はじめに

Javaはこれまで、「オブジェクト指向」を強く打ち出してきましたが、2000年ころから、「関数型プログラミング」の需要が高まってきました。

当初は、「Scala」などJavaベースの新しい言語を使って実装してきましたが、2014年の「JDK8」で、Java自身が「関数型プログラミング」を可能にする記法を実装しました。それが「ラムダ式」です。

「ラムダ式」になったと言っても、Javaの「オブジェクト指向」が通用しなくなったとか、無駄になったわけでは決してありません。

これまでのJavaの「クラス」と「オブジェクト」の構造を、簡単な記法で表わせるようになった、ということです。

そのため、Javaの基本的な考え方を理解しないまま「ラムダ式」だけ振り回しても、すぐに手詰まりになるでしょう。

*

本書は、「ラムダ式」と、それに深く関わるAPIを積極的に用いた、「関数型プログラミング」の基本を解説します。

なぜ「ラムダ式」が必要なのか、従来の記法からどのように「ラムダ式」が構築されるか、というところからはじめます。

サンプルプログラムは少し長いものもありますが、「関数型プログラミング」の長所を実感できるはずなので、頑張って入力してみてください。

清水　美樹

※本書は、書籍『Java8ではじめる「ラムダ式」』の内容を、最新の情報や仕様に合わせて、一部改変したものです。

Javaではじめる「ラムダ式」

CONTENTS

第4章 「イベントの実装」と「ラムダ式」

第5章 「Function」とその仲間

第6章 「Stream API」で用いる「ラムダ式」

サンプルプログラムのダウンロード

本書のサンプルプログラムは、工学社ホームページのサポートコーナーからダウンロードできます。

<工学社ホームページ>

http://www.kohgakusha.co.jp/support.html

ダウンロードしたファイルを解凍するには、下記のパスワードを入力してください。

WrMaZAEkqgmP

すべて半角で、大文字小文字を間違えないように入力してください。

動作環境について

本書は、「JDK9.0.1」を用いており、「IDE」「OS」は特に限定していません。
実践環境の構築に不安を感じる方は、本書の附録を参照してください。

第1章

「ラムダ式」の基礎

「ラムダ式」は、Javaで「関数型プログラミング」に似た記法を可能にするものです。
本章では、「オブジェクト指向」の書き方と比べながら、簡単なサンプルを実際に書いてみて、「ラムダ式」で何ができるのかを確認します。

1-1 Javaの「ラムダ式」

■Javaで「関数プログラミング」

●「関数」を「値」として扱う

プログラミングの「値」と言うと、「数字」と「文字列」、それらの「配列」、それから「クラスのオブジェクト」などが考えつきます。

これらは「変数」に代入したり、他の関数の「引数」に渡したり、「配列の要素」にすることができます。

「関数」に対してもそのような処理ができるように定義してあるのが、「関数型プログラミング言語」の仕様です。

●もともとJavaではできない

もともと、Javaでは「関数」(メソッド)を値と区別して書きます。

しかし、本書で説明していくように、Javaの本来の書き方を、新しい「関数的な表現」で書くことができます。

この表現を「ラムダ式」と呼びます(「ラムダ式」は、「JDK8」から仕様になりました)。

●「関数型プログラミング」の長所と短所

「関数」は「処理」なので、「関数」を「変数」や「引数」に渡すことができると、「1つの値に、場合によって異なった処理をする」ようなプログラムが短い記述で書けます。

一方で、データと処理が混在することになり、ソースコードが読みにくくなる恐れがあります。

■「ラムダ式」の意味と特徴

●「ラムダ」は「関数」、「式」には「表現」の意味も

「ラムダ」という名は、Javaに特有の新しい名前ではありません。

数学では「複合関数」を扱うのに、「関数を変数のように扱って演算する」考え方があります。

その変数としてよく使われるのがギリシャ文字の「λ」であることから、「関数型プログラミング」で関数を値として扱うのに「ラムダ」という名称やキーワードが使われます。

「式」は「expression」を和訳したものですが、「expression」には「表現」の意味もあるので、「ラムダ式」の意味は「値として扱える関数の表現」というところでしょう。

●「ラムダ式」が可能にする「関数型プログラミング」

Javaにおける「ラムダ式」とは、以下のような形のものです。

```
(p)->(p.getAge()<20)
```

これは、

関数に「p」を入れると、「pの年齢」が「20未満」かどうかが答として戻ってくる

ということを表わす式ですが、最も強固な「オブジェクト指向型言語」のひとつであるJavaでこのような式を使うと、従来の仕様にはなかった「関数型プログラミング」にかなり近いプログラミングが可能になります。

それは一体どういうことなのか、本書で徐々に明らかにしていきます。

*

まずは次節の最も簡単な例から、実際に使っていきましょう。

1-2 簡単な「ラムダ式」の例

■さっそく書いてみよう

「ラムダ式」を用いた簡単なプログラムを書いて、動くことを確かめましょう。

【リスト1-1】SimpleRunnable.java

```
package simplerunnable;

public class SimpleRunnable {

  public static void main(String[] args) {
    Runnable rn = () -> System.out.println("ラムダ式");
    rn.run();
  }
}
```

リスト1-1をコンパイルして実行し、**実行例1-1**の通りになることを確認してください。

【実行例1-1】リスト1-1の実行結果

```
ラムダ式
```

※「SimpleRunnable.java」は本書サンプルプログラムの「sample/chap1」フォルダに収録してあります。

●「ラムダ式」はどこ?

リスト1-1の中で、**リスト1-2**の記述が「ラムダ式」です。

【リスト1-2】これが「ラムダ式」

```
() -> System.out.println("ラムダ式")
```

●「ラムダ式」が表わす、「関数のような手続き」

リスト1-2は、「関数のような手続き」を表わしています。

「->」の左側にある空の括弧「( )」は、「その関数が引数を取らない」ことを示します。

そして「->」の右側が、関数で行なわれる処理(**リスト1-3**)です。

【リスト1-3】「リスト1-2」の関数で行なわれる処理

```
System.out.println("ラムダ式")
```

リスト1-3に「セミコロン」(;)をつければ、普通のJavaの文になります。でも、この関数的な記法では、セミコロンはつけない仕様です。

「**リスト1-1**ではセミコロンがついているじゃないか」と思うかもしれませんが、それは、以下のような構造におけるセミコロンです。

【リスト1-4】「ラムダ式」の後についたように見えるセミコロン

```
Runnable rn = その内容;
```

以上のような構造をもつ**リスト1-1**が実行される中で、**リスト1-3**が実行されて、**実行例1-1**になったのです。

■「JDK8」より前の書き方

●変数「rn」の正体は?

上の**リスト1-4**で「その内容」と示したのは、「ラムダ式」です。

すなわち、「ラムダ式」に変数名「rn」がついたのです。

「rn」の「型」は「Runnable」と宣言されています。

とすると、つい「Runnableクラスのオブジェクト?」と考えてしまいそうですが、思い出しましょう。「Runnable」は、「**インターフェイス**」です。

どのようなものか、以下に解説します。

●インターフェイス「Runnable」

「Runnable」は、Javaの基本的なクラスを扱うパッケージ「java.lang」のインターフェイスです（「import」を宣言する必要がありません）。

「Runnable」は、「JDK1.0」より前からあるインターフェイスです。

ラムダ式以前は、**リスト1-5**のように書いていました（「ラムダ式」登場後でも有効です）。

【リスト1-5】「JDK1.0」より前からある「Runnable」の使い方

```
Runnable rn = new Runnable(){
  public void run(){
    System.out.println("ラムダ式");
  }
};
rn.run();
```

リスト1-5の中で、**リスト1-6**の部分がそっくり「ラムダ式」に置き換わったことになります。

【リスト1-6】「ラムダ式」に置き換えられる従来の書き方

```
new Runnable(){
  public void run(){
    System.out.println("ラムダ式");
  }
}
```

●「new Runnable()...」とは何か

「Runnable」はクラスではなく、インターフェイスです。ですから、**リスト1-6**は、「インターフェイスRunnableを実装したクラスのオブジェクト」を表わしています。

「実装」とは、**リスト1-5**や**リスト1-6**に見えるメソッド「run」の中身を書いたということです。

すなわち、オブジェクトを作る記述の中に、そのオブジェクトの元になるクラスも一緒に定義してあるのです。

＊

もっと順序を踏んで書こうと思えば、**リスト1-5**は**リスト1-7**のようになります。

【リスト1-7】まずクラスを作って、そのオブジェクトを作る

```
class RunnableImplement implements Runnable{
  public void run(){
    System.out.println("ラムダ式以前");
  }
}
RunnableImplement rn = new RunnableImplement();
rn.run();
```

リスト1-7ではクラス名をつけていますが、**リスト1-6**ではつけていません。「**無名クラス**」です。

すなわち、「インターフェイスを実装した無名クラスのオブジェクトを書き換えたもの」、それが「ラムダ式」です。

●「Runnable」で「ラムダ式」を使う意義

しかし、「ラムダ式」が導入された意義は、「無名クラスを書くのが面倒なので簡単に書けるようにした」というだけではありません。

本書の最初の例に「Runnable」を用いたのも、たまたま選んだわけではありません。

文法さえ合っていればプログラムは動きますが、「ラムダ式」を使うときの考え方を把握しておくと、「ラムダ式」を使ったプログラムの書きやすさ、そして読みやすさに、大きな成果があると思います。

次節で、それを説明します。

1-3 「無名クラス」と「ラムダ式」

■「メソッド」を「オブジェクト」のように扱いたい

●「関数を変数で参照する」考え方

プログラミング言語の中では、**リスト1-8**のように「関数に変数名をつけて、取り替えて使える」構造のものがあります。

ただし、どの言語でもそれなりに補足の記述が必要なので、**リスト1-8**は、基本的な手続きだけからなる、理想的な架空の言語です。

【リスト1-8】「関数」を「変数」で参照する、理想的な手続き

```
//関数に変数名をつける
funcAdd = function(a, b){return a+b};
funcSub = function(a, b){return a-b};

//他の関数の引数として渡す
usefunction(funcAdd, 10, 5);
usefunction(funcSub, 8,2);
```

リスト1-8では、『引数「a, b」を受けて、「a+b」の結果を返す関数』に「funcAdd」という変数名をつけています。

同様に、『引数「a, b」を受けて、「a-b」の結果を返す関数』に「funcSub」という変数名をつけています。

これらの関数を、「usefunction」という何か別の関数の引数に渡すことで、処理を切り替えたり、統一感のある表現にすることができるでしょう。

でもJavaでは、それがプログラミングの構造上できない仕様になっています。

なぜでしょうか、次に解説します。

●「関数」と「メソッド」

なぜJavaでは「関数」を扱えないのかというと、Javaでは「処理をオブジェクトごとに行なう」構造だからです。

リスト1-9は典型的なJavaのプログラムです。

クラス「MyClass」から作られたオブジェクト「mc」が、メソッド「myMethod」を呼び出しています。

【リスト1-9】典型的なJavaのプログラム

```
public class MyClass{

  public void myMethod(){
    System.out.println("典型的なプログラム");
  }

  public static void main(String[] args){
    MyClass mc = new MyClass();
    mc.myMethod();
  }
}
```

「関数」では、「引数」と「結果」(戻り値)だけが情報です。しかし、Javaのメソッドは「どのオブジェクトが呼び出すのか」という情報ももちます。

そこで単純にメソッドに変数をつけたり、メソッドを他のメソッドの引数にしたりはできないのです。

■場合によって処理を切り替えるプログラム

「できない」というとJavaが機能的に劣るように聞こえてしまいますが、多くの場合、「オブジェクトがメソッドを呼び出す」という考え方のほうが書きやすいプログラムになります。

特に、「商取引の一件ごと」や「データ送受信の一件ごと」をオブジェクトとして扱うプログラミングで、Javaはインターネットのサーバサイドプログラムとして非常に良く使われてきました。

そんなJavaでも「関数」があればいいなと思うのは、「場合によって処理を切り替える」場合です。

そこでこれから、Javaで「ラムダ式」を利用して、そのようなプログラムを書きます。

「ラムダ式」を使わない方法から、だんだんと「ラムダ式」に近いプログラムにしていきましょう。

●処理をそのまま書く

たとえば、**リスト1-10**のように、コマンド引数の数字によって出力内容を切り替えるプログラムを考えます。

リスト1-10の「SelectGreeting1.java」では、なぜこのような「場合分け」がされているのか、分かりにくいですね。

【リスト1-10】SelectGreeting1.java

```
package selectgreeting1;

public class SelectGreeting1 {

  public static void main(String[] args) {

    int myTime = Integer.parseInt(args[0]);

    if(5<=myTime && myTime<=10){
      System.out.println("おはようございます");
    }
    else if(11<=myTime && myTime<=16){
      System.out.println("こんにちは");
    }
    else if(17<=myTime && myTime<=22){
      System.out.println("こんばんは");
    } else{
      System.out.println("どうしたんですかこんな時間に");
    }
  }
}
```

リスト1-10のプログラムは、コマンド引数を「24時間制の時刻」に見立てています。

たとえば、**実行例1-2**のようにコマンド引数に「9」をつけて実行すると、「9」は「5から10」の範囲に入るため、「おはようございます」と表示されます。
ほかの数字も試してみてください。

【実行例1-2】コマンド引数に「9」をつけて実行する

```
java -cp . selectgreeting.SelectGreeting1 9
```

Eclipseなどの GUI 開発ツールを使っている人は、実行条件を設定する欄に「Argument」(コマンドライン引数、コマンド引数)という設定欄があるはずです。
そこに引数を入れて実行します。

●「メソッド名」で「処理の内容」を表わす

そこで「System.out.println("おはようございます")」という出力の処理に「朝のあいさつ」であることを示す名前をつけて、他の出力についても同様にしたいと思います。

その方法として、個々の処理をメソッドとして定義すればどうでしょう。メソッド名によって、何をしているかを明らかにするのです。
これは、**リスト1-11**のようになります。

【リスト1-11】SelectGreeting2.java

```
package selectgreeting2;

public class SelectGreeting2 {

 public void morning(){
   System.out.println("おはようございます");
 }
 public void afternoon(){
   System.out.println("こんにちは");
```

```
  }
  public void evening(){
    System.out.println("こんばんは");
  }
  public void other(){
    System.out.println("どうしたんですかこんな時間に");
  }

  public static void main(String[] args) {

   int myTime = Integer.parseInt(args[0]);

   SelectGreeting2 greet = new SelectGreeting2();

    if(5<=myTime && myTime<=10){
       greet.morning();
    }
    else if(11<=myTime && myTime<=16){
       greet.afternoon();
    }
    else if(17<=myTime && myTime<=22){
       greet.evening();
    } else{
       greet.other();
    }
  }
}
```

リスト1-11では、「何をやっているのか」が分かりやすくなりました。

その反面、1つ1つメソッドを定義したり、メソッド「main」で自分のクラスのオブジェクトを作ることになったりと、面倒な部分も出てきました。

●「Runnable」で、「メソッド」と「変数」を対応させる

そこで、「Runnable」です。

まず、従来の形式で書いてみましょう。リスト1-12の通りです。

【リスト1-12】SelectGreeting3.java

```
package selectgreeting3;

public class SelectGreeting3 {

  public static void main(String[] args) {
    Runnable morning = new Runnable(){
      public void run(){
        System.out.println("おはようございます");
      }
    };
    Runnable afternoon = new Runnable(){
      public void run(){
        System.out.println("こんにちは");
      }
    };
    Runnable evening = new Runnable(){
      public void run(){
        System.out.println("こんばんは");
      }
    };
    Runnable other = new Runnable(){
      public void run(){
        System.out.println("どうしたんですかこんな時間に");
      }
    };

    int myTime = Integer.parseInt(args[0]);

    if(5<=myTime && myTime<=10){
```

```
      morning.run();
    }else if(11<=myTime && myTime<=16){
      afternoon.run();
    }else if(17<=myTime && myTime<=22){
      evening.run();
    }else{
      other.run();
    }
  }
}
```

本来の書き方で「Runnable」を使うと、書き方こそ面倒ですが、「morning」から「other」までの各変数の違いは、「実装メソッドrunの中身」だけであることが明らかになります。

すなわち、処理の内容そのものに変数名をつけることはできないにしろ、「Runnable」を使うことによって、「run」というメソッドの「内容」と「変数名」が、**リスト1-13**のように対応づけられたのです。

【リスト1-13】変数「morning」「afternoon」と、それぞれに対応するメソッド

```
Runnable morning = new Runnable(){
  public void run(){
    System.out.println("おはようございます");
  }
};
Runnable afternoon = new Runnable(){
  public void run(){
    System.out.println("こんにちは");
  }
};

....後略
```

●完成：「ラムダ式」を使う

そこで「ラムダ式」です。

リスト1-14の「SelectGreeting4.java」は、「ラムダ式」のおかげでものすごく簡単になりましたね。

【リスト1-14】SelectGreeting4.java

```
package selectgreeting4;

public class SelectGreeting4 {

  public static void main(String[] args) {
    Runnable morning =
    () -> System.out.println("おはようございます");
    Runnable afternoon =
    ()-> System.out.println("こんにちは");
    Runnable evening =
    ()-> System.out.println("こんばんは");
    Runnable other =
    ()-> System.out.println(
    "どうしたんですかこんな時間に");

    int myTime = Integer.parseInt(args[0]);

    if(5<=myTime && myTime<=10){
      morning.run();
    }else if(11<=myTime && myTime<=16){
      afternoon.run();
    }else if(17<=myTime && myTime<=22){
      evening.run();
    }else{
      other.run();
    }
  }
}
```

※「SelectGreeting1.java」~「SelectGreeting4.java」は本書サンプルプログラムの「sample/chap1」フォルダに収録してあります。

●結論

このように、「インターフェイスを実装した無名クラス」のそもそもの役割が、「メソッドの内容と変数を対応させる」ことにあるからこそ、「ラムダ式」に書き換える意義があるのです。

「ラムダ式」によって、「処理内容」に直接変数名がつく形になりました。

■「ラムダ式」と「無名クラス」(のオブジェクト)の対応

意義が分かったところで、「インターフェイスRunnableを実装した無名クラスのオブジェクト」をどのように「ラムダ式」で表わすのか、もう一度確認しましょう。

●正体は「オブジェクト」で、旧式の書き方でも書ける

「ラムダ式」の正体は「**オブジェクト**」です。

しかし、まったく新しい形のオブジェクトではなく、本来の書き方でも書けるオブジェクトです。

●形式はメソッドに対応

「ラムダ式」の書き方は、実装するインターフェイスのメソッドに従います。

すなわち、「->」の左側(手前)にある「( )」は、引数がないという意味の空括弧ですが、これは「Runnable」インターフェイスのメソッド「run」が引数を取らないメソッドであることに相当します。

一方、「->」の右側が、メソッド「run」の中身に相当します。

```
() -> {
  System.out.....
}

public void run(){
  System.out.....
}
```

図1-1 「ラムダ式」と「旧式書法」の対応

●インターフェイスのメソッドと違う形式では書けない

そこで、**リスト1-15**のように書くとコンパイルエラーになります。

エラーの原因として、「ラムダ式のパラメータが不正」と表示されるでしょう。

【リスト1-15】この書き方はエラーになる

```
Runnable rn = (message) -> System.out.println(message);
```

理由は、メソッド「run」が引数を取らないからです。

「ラムダ式」は、あくまでも元のインターフェイスのメソッド定義を書き換える「記法」なので、元の定義と異なる書き方はできません。

＊

以上、ラムダ式を使う理由と、使い方が分かったと思います。

そこで、いろいろな「ラムダ式」と、そのいろいろな使い方を試していきましょう。

MEMO

1-4 いろいろな「ラムダ式」とプログラム

■「コマンド引数」で関数を指定

「ラムダ式」の書き方をひとつずつ検討するたびに、新しくプログラムを書き直すのは大変です。そこで、同じプログラムに違う変数名で「ラムダ式」を書き、**「コマンド引数」**で指定した「ラムダ式」だけを実行するように、プログラムを工夫しましょう。

*

リスト1-16は、「コマンド引数」を「r1」にして実行すると、ラムダ式「r1」が実行されるように書いたプログラムです。

また、「コマンド引数」がない場合、または「コマンド引数」が他の値の場合は、「有効な関数名を指定してください」と表示されます。

【リスト1-16】「コマンド引数」で「ラムダ式」を指定

```
package selectfunction;

public class SelectFunction {

  public static void main(String[] args) {

    //(1)ラムダ式一覧
    Runnable r0 = ()-> System.out.println(
                     "有効な関数名を指定してください");
    Runnable r1 = ()-> System.out.println("関数r1です");

    //コマンド引数がないとき
    if(args.length <= 0 ) r0.run();

    //(2)なんらかのコマンド引数があるとき
    else{
      switch(args[0]){
        case "r1":
```

```
        r1.run();
        break;

        default:
        r0.run();
        break;
      }
    }
  }
}
```

【実行例1-3】「コマンド引数」をつけずに実行

```
java -cp . selectfunction.SelectFunction
```

【実行例1-4】「実行例1-3」の実行結果

```
有効な関数を指定してください
```

【実行例1-5】「コマンド引数」に「r1」を指定

```
java -cp . selectfunction.SelectFunction r1
```

【実行例1-6】「実行例1-5」の実行結果

```
関数r1です
```

このように、**リスト1-16**で「SelectFunction.java」の基本的な動作が書けました。

*

では、これから**リスト1-16**に、次の記述を加えていきます。

- 新しいラムダ式と、その変数名。
- 「switch文」で、「arg[0]」に新しい変数名が入力された場合の処理。

これで、同じプログラムで異なる「ラムダ式」を試すことができます。
まさに、「ラムダ式」の面目躍如たるところですね。

■複数の文を実行する関数

関数の「処理の中身」は、複数の文で複雑な処理を書き表わすこともできます。

その場合、書き方は従来メソッドを定義するときなどの「ブロック」そのままで、「波括弧」で囲むことができます。

リスト1-16の(1)と記した部分に、前例に倣(なら)って**リスト1-17**のように書いてみましょう。

【リスト1-17】変数「r2」で表わされる「ラムダ式」

```
Runnable r2 = ()-> {

  String name = "ゲスト";

  if(args.length >= 2){
    name=args[1];
  }

  System.out.println(
    "関数r2へようこそ、"+name+"さん");
};
```

また、**リスト1-16**の(2)と記した「switch文」に、**リスト1-18**の「case文」を付け加えます。

【リスト1-18】「コマンド引数」が「r2」のとき、ラムダ式「r2」を実行する

```
case "r2":
  r2.run();
break;
```

ラムダ式「r2」は、もうひとつのコマンド引数から「name」の値を読み取ります。

もし、コマンド引数が「r2」しかない場合は、初期設定値になります。

「SelectFunction.java」を再コンパイルして、**実行例1-7**と**実行例1-9**のように、「コマンド引数」を変えて実行してみましょう。

実行例1-8と**実行例1-10**は、それぞれの実行結果です。

【実行例1-7】「コマンド引数」に「r2」だけを指定

```
java -cp . selectfunction.SelectFunction r2
```

【実行例1-8】「実行例1-7」の実行結果

```
関数r2へようこそ、ゲストさん
```

【実行例1-9】「コマンド引数」に「r2」と「nameの値」を指定

```
java -cp . selectfunction.SelectFunction r2 木村
```

【実行例1-10】「実行例1-9」の実行結果

```
関数r2へようこそ、木村さん
```

■自作のインターフェイス

「Runnable」を実装したクラスのオブジェクトとして表わす「ラムダ式」の形式は、「引数はなく、戻り値もない形」に限られます。

それは、「Runnable」で定義されたメソッド「run」が、そのような形だからです。

「引数」や「戻り値」を使えるようにするには、自分でインターフェイスを新たに作って、目的の形式で引数を取り、値を戻すメソッドを定義します。

●インターフェイスはメソッド「main」の外に

インターフェイスは別ファイルに定義しても参照できますが、同じファイル「SelectFunction.java」(**リスト1-16**)の中にも記述できます。

すなわち、「クラスSelectFunctionの内部インターフェイス」となります。

*

内部インターフェイスの定義は、クラスの定義の中で、かつメソッド「main」の外に書きます。

このサンプルでは、内部インターフェイスとして「MyShape」を定義します。**リスト1-19**の位置に書きます。

【リスト1-19】「SelectFunction.java」(リスト1-16)の中に定義するインターフェイス「MyShape」

```
public class SelectFunction {

  //ここに書いた
  interface MyShape{
    public void draw(int n1, int n2 );
  }

  public static void main(String[] args) {
    ....これまでの記述....
```

インターフェイス「MyShape」のメソッド「draw」は、引数に2つの整数「n1」「n2」を取ります。戻り値はありません。

●「MyShape」のメソッド「draw」に合わせた「ラムダ式」

「ラムダ式」は、これまでの通りメソッド「main」の中に書きます。

リスト1-16の(1)と示したところに追記します。**リスト1-20**の通りです。

【リスト1-20】「MyShape」を実装したクラスの、オブジェクトとしての「ラムダ式」

```
MyShape myrec = (w, h)->System.out.println(
   "幅は"+w+"cmで、高さは"+h+"cmの長方形です"
   );
```

リスト1-20では、データタイプを「Runnable」ではなく「MyShape」と宣言しています。

そして「->」記号の左側が、空の括弧「()」ではなく、引数を取る括弧「(w,h)」になっています。これは、「MyShape」で定義したメソッド「draw」が取る形式に合わせています。

*

しかし、この引数の書き方に注目してください。

引数名が「n1,n2」から「w,h」に変わっているのは、通常のプログラミングの規則として許されていることですが、引数「w,h」には**リスト1-21**のようにデータタイプ「int」を指定しなくてもいいのでしょうか。

【リスト1-21】こう書かなくていいのか?

```
MyShape myrec = (int w, int h)-> ...
```

実は、**リスト1-21**のように書いても、書かなくてもかまいません。

なぜなら、「MyShape」には定義されたメソッドが1つしかないからです。

そのメソッドの情報があるので、コンパイラは対応してくれます。

●「関数型インターフェイス」と呼ぶ

では、インターフェイスに定義されたメソッドが2つ以上あったらどうなるのでしょうか。

答は「それはあり得ない」です。

なぜなら、「インターフェイスに複数のメソッドを定義した場合、ラムダ式は使えない」ことになっているのです。

「使えない」というと否定的に聞こえますが、**第1-2節**でインターフェイス「Runnable」について説明したように、「ラムダ式」とは処理の内容と変数を「1:1で」対応させることによって、「関数に変数をつける」思想を実現した仕様です。

ですから、「ラムダ式」を使う目的で定義するインターフェイスには、メソッドは1つであるのが「仕様」というよりは、「それが合理的」なのです。

*

このように、「ラムダ式を使う目的で、1つだけのメソッドを定義したインターフェイス」を、「Functional Interface」と呼びます。

日本語の「API仕様書」では、「関数型インターフェイス」という名前で呼ばれていますが、コンパイラのメッセージには「機能インターフェイス」という呼び方もあります。

いずれにしろ、文法的な呼び方ではなく、役割を表現した呼び方です。

ただし、「ラムダ式には関係ない」ことが自明であるようなメソッドについては定義できるようになっています。

そのひとつを、**第3-4節**で解説します。

●もう1つ「ラムダ式」を書いてみよう

インターフェイス「MyShape」は、なんらかの図形を表現する目的をもったインターフェイスです。

定義したメソッド「draw」の内容で、どのような図形を表現するか指示します。

たとえば、**リスト1-20**の「ラムダ式」では、「長方形」を想定した実装を行ないました。

そのため、2つの整数の引数は、「幅」と「高さ」として用いています。

*

そこで、別の図形を想定した実装で、「ラムダ式」をもう1つ書いてみましょう。

リスト1-22は、「二等辺三角形」を想定した実装です。

そのため、2つの整数の引数は、「底辺」と「等辺」として用いています。

【リスト1-22】「MyShape」を「二等辺三角形」として実装した「ラムダ式」

```
MyShape mytri = (a, b)->System.out.println(
    "底辺が"+b+"インチで、等辺が"+a+"インチの"+
    "二等辺三角形です");
```

●「関数型インターフェイス」のアノテーション

「関数型インターフェイス」は文法的に特別なものではないので、そのインターフェイスがたまたまメソッドを1つもつという場合もあるでしょう。

また、「ラムダ式は書けるが書いてもあまり便利にならない」というメソッドもあるでしょう。

そこで、「ラムダ式」を書く目的で作ったインターフェイスであることを特別に示すために、「**関数型インターフェイスを示すアノテーション**」をつけることができます。

たとえば**リスト1-23**は、いま使っているインターフェイス「MyShape」(**リスト1-19**)に「アノテーション」をつけたところです。

【リスト1-23】「MyShape」に「アノテーション」をつける

```
@FunctionalInterface
interface MyShape{
  public void draw(int n1, int n2 );
}
```

「アノテーション」は自分の好みでつけるコメントとは異なり、Javaで決まっている書き方です。

プログラムの動作には影響しませんが、コンパイラにコンパイルの際の細かい条件を伝えます。

*

リスト1-23のように「アノテーション」をつけた場合、このインターフェイスにもう1つメソッドを定義しようとすると、コンパイルエラーを起こします。

「コンパイルエラー」というと否定的なイメージがありますが、「実行したらエラーになった」という事態を防ぐ措置です。

すなわち、このインターフェイスを使った、**リスト1-22**などの「ラムダ式」が壊れてしまうのを予防してくれます。

とりわけ、Javaは「Eclipse」などのGUI開発ツールで編集することが多いので、編集画面上に「バルーン表示」などでエラーメッセージを出してくれます。

図1-2は、「MyShape」にうっかりもうひとつ「paint」というメソッドも定義してしまったところです。

文法エラーなどはすべて解決してありますが、「@FunctionalInterface」という「アノテーション」は間違いだと分かります。

なぜなら「MyShapeは関数型インターフェイスではありません」というエラーメッセージが出ているためです。

メッセージとしてはいまひとつ情報不足ですが、書いた人であれば、「なんでだろう。あっ、メソッドを2つ定義したのが原因か」と想像できるでしょう。

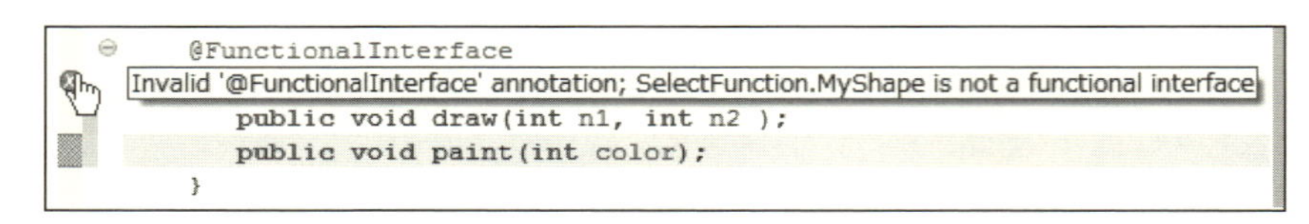

図1-2 編集画面上のエラー

●プログラムを完成させる

リスト1-16で(2)と記した「switch文」に、**リスト1-24**に示す「case文」を追記します。

【リスト1-24】コマンド引数が「myshape」の場合

```
case "myshape":
  myrec.draw(3, 4);
  mytri.draw(7, 9);
break;
```

完成したプログラムでは、コマンド引数で「myshape」と入力したとき、変数「myrect」と「mytri」を順番に用いて、それぞれのメソッド「draw」を呼び出します。つまり、結果は2つ表示されます。

「SelectFunction.java」を再コンパイルして、**実行例1-11**のように実行してみましょう。

【実行例1-11】「コマンド引数」を「myshape」で実行

```
java -cp . selectfunction.SelectFunction myshape
```

【実行例1-12】「実行例1-11」の実行結果

```
幅は3cmで、高さは4cmの長方形です
底辺が9インチで、等辺が7インチの二等辺三角形です
```

■戻り値を与える「ラムダ式」

●ブーリアン値を与える「ラムダ式」

「戻り値を与えるラムダ式」を書いてみましょう。

そのために、「戻り値を与えるメソッドを与えるインターフェイス」を定義します。

＊

引き続き「SelectFunction.java」を編集します。

リスト1-19と同じところに、**リスト1-25**のインターフェイス「MyBird」を定義します。

【リスト1-25】インターフェイス「MyBird」の定義

```
@FunctionalInterface
interface MyBird{
  public boolean doesItSing(String voice);
}
```

リスト1-25で想定しているのは、文字列型である「voice」の値に「ホーホケキョ」など鳥の声の表現を渡し、それに対する「判断」をブーリアン値で戻すようなメソッドの実装です。

どんな判断かは、具体的に「MyBird」を実装するクラスのオブジェクトを「ラムダ式」で書きます。

リスト1-16の(1)と示したところに、たとえば**リスト1-26**のように追記します。

【リスト1-26】「MyBird」を実装するクラスのオブジェクトを記述する「ラムダ式」

```
MyBird chicken = (voice)->voice.equals("コケコッコー");
```

リスト1-26では、「voice」の内容が「コケコッコー」かどうかを判断するメソッド「chicken」を定義しています。

「->」記号の右側では、引数「voice」が文字列と想定されているので、メソッド「equals」を呼び出しています。

この戻り値がブーリアン値ですから、この「ラムダ式」は**リスト1-25**のインターフェイスの定義に正しく従っています。

●プログラムを完成させる

リスト1-16の(2)の「switch文」に、**リスト1-27**の「case文」を追記します。

リスト1-27では、オブジェクト「chicken」がメソッド「doesItSing」を呼び出します。引数には文字列「"ホーホケキョ"」を渡します。

メソッドの結果をストレートに観察するために、出力は「true」か「false」かが単純に出るようにします。

【リスト1-27】「コマンド引数」が「chicken」のとき

```
case "chicken":
  System.out.println(
    chicken.doesItSing("ホーホケキョ"));
break;
```

「SelectFunction.java」を再コンパイルして、**実行例1-13**のように実行してみましょう。

【実行例1-13】「コマンド引数」に「chicken」を指定して実行

```
java -cp . selectfunction.SelectFunction chicken
```

実行例1-13によって**リスト1-21**が実行されますが、ここでメソッド「doesItSing」の引数に「"ホーホケキョ"」が渡されます。

「"コケコッコー"」と「"ホーホケキョ"」は一致しないので、メソッド「doesItSing」の結果は「false」になります。

【実行例1-14】「実行例1-13」の実行結果

```
false
```

※「SelectFunction.java」は、本書サンプルプログラムの「sample/chap1」フォルダに収録してあります。

＊

以上の「ラムダ式」のサンプルは、「ラムダ式」を体験するために、あえて必要性の小さいインターフェイスやメソッドも用いました。

次章からは、より実用に近い「ラムダ式」を用いたプログラムを作ります。

第2章

「Comparator」と「ラムダ式」

インターフェイス「Comparator」を用いた「並べ替えプログラム」は、Java本来の文法である「無名クラス」を使って、よく用いられてきました。
この章では、簡単な条件から複雑な条件まで、「並べ替えのプログラム」を、「ラムダ式」を用いて作ってみましょう。

2-1 整数の並べ替え

■「並べ替え」に「ArrayList」を使う理由

リスト2-1のような整数の配列があります。これを並べ替えるにはどうすればいいでしょうか。

【リスト2-1】整数の配列

```
int[] numbers = {-2,0,1,4,5,-8};
```

最も簡単なのは、配列の各要素を、クラス「java.util.ArrayList」のオブジェクトに入れ直すことです。

【リスト2-2】整数の配列から「ArrayList」へ

```
ArrayList<Integer> numbersList =
 new ArrayList<Integer>();

for (int n:numbers){
  numbersList.add(n);
}
```

●「ArrayList」では「Integer型要素」に変換されている

「わざわざ配列をArrayListに変換しなければいけないのか」と思うかもしれません。

しかし、実は**リスト2-2**で「配列」の要素を1つずつ「ArrayList」に入れたとき、要素はプリミティブの「int型」から「Integer型」に自動変換されています。これが大事なのです。

*

「int型」のデータがもつ情報は、値の大きさだけです。

しかし、要素を「並べ替える」となると、「その要素の前にくる要素はどれか、後にくる要素はどれか」という付加情報が必要になります。

そこで、保持できる情報量の多い「Integer型のオブジェクト」にして扱いたいのです。

また、「ArrayList」であれば、要素を増減することもできます。

＊

なお、**リスト2-2**で見たように、「int型」を使うところと「Integer型」を使うところでは、コンパイラによって自動変換が行なわれます。

これは「オートボクシング」(ボックス、つまり「Integer」という箱に入れること)と呼ばれるJDKの仕様です。

「オートボクシング」は、「Integer型」のオブジェクトを扱う処理のほとんどで有効です。

■クラス「Collections」とインターフェイス「Comparator」

●メソッド「Collections.sort」を用いる

「ArrayList」の要素を並べ替えるには、クラス「java.util.stream.Collections」の静的メソッド「sort」を用います。

> ※クラス「Collections」を、「ArrayList」などの集合体クラスが実装しているインターフェイス「Collection」と間違えないようにしましょう。
> メソッド「sort」をもつのは、「Collections」と末尾に「s」がつくクラスで、「ArrayList」などのオブジェクトを扱うメソッドを、静的メソッドとして多数、もっています。

●「Collections.sort」の引数

「Collections.sort」は値を戻さない(戻り値が「void」)メソッドで、以下のような引数を取ります。

【リスト2-3】「Collections.sort」の書き方

```
Collections.sort(numbersList, 並べ替えの基準);
```

第1の引数には、すでに**リスト2-2**の「numbersList」を渡しました。

これは、並べ替えの対象となる集合体です。

第2の引数にはまた具体的な値を渡していませんが、「並べ替え」を示すラムダ式を使うことができます。

■「ラムダ式」を用いた「並べ替え」の基準

整数を「大きさの昇順」に並べ替える基準は、ラムダ式を用いて**リスト2-4**のように表わされます。

【リスト2-4】数値を「昇順」に並べる基準のラムダ式

```
(n1, n2)->n1-n2
```

「降順」に並べるなら、**リスト2-5**です。

【リスト2-5】数値を「降順」に並べる基準のラムダ式

```
(n1, n2)->n2-n1
```

また、**リスト2-6**は各要素の「2乗値」で並べ替える基準です。

【リスト2-6】数値の「2乗値」で比べるラムダ式

```
(n1, n2)->n1*n1-n2*n2
```

●本当は「Integer」

「numbersList」の中に置かれた要素は「Integer型」ですが、こんどは「アンボクシング」(「Integer」という箱から出して「int」にする)が自動で行なわれるので、**リスト2-5**や**リスト2-6**のラムダ式はそのまま使えます。

●本当は「正負」

「ラムダ式」の矢印「->」より右側の「並べ替えの基準」は、実は**リスト2-7**のように、「正負」か「0」かによります。ですから、整数であれば、ちょうど「減算」になるのです。

【リスト2-7】ラムダ式を用いた並べ替えの基準

```
(n1,n2)->{n1がn2より小さければ負の値、
 等しければ0、
 n1がn2より大きければ正の値}
```

他のデータタイプの場合は、「compareTo」というメソッドが使えます。この後確かめます。

■ 旧式で書く「並べ替え」の基準

●「Stream API」のクラス「Collections」

クラス「Collections」は、「java.util.stream」というパッケージの元にあります。

これは、「Stream API」と呼ばれるパッケージで、本書でも**第6章**で紹介します。

●ラムダ式は旧式でも書ける

でも、ラムダ式の正体は、前からあるインターフェイス「java.util.Comparator」を実装する無名クラスのオブジェクトです。

実装するメソッドの名前は、「compare」です。

そこで、**リスト2-4**は**リスト2-8**と同じになります。

【リスト2-8】「リスト2-4」を与える旧式の書き方

```
new Comparator<Integer>(){
  public int compare(Integer n1, Integer n2){
    return n1-n2;
  }
}
```

●「扱う要素のデータ型」を指定する

リスト2-8では、インターフェイス「Comparator」が「ジェネリック型のインターフェイス」であることに注意しましょう。

これには、「扱う要素のデータ型」を指定しなければいけません。**リスト2-8**では「Integer型」が指定されています。

ここにプリミティブの「int型」は使えません。

そのため、整数同士で大きさを比較するには、**リスト2-2**で解説したように「int型をInteger型に変換する」必要があったのです。

■コマンド引数で「並べ替え方法」を切り替える

●引数に渡す内容を切り替える

数値の並べ替え方法が明らかになったところで、ラムダ式を用いた並べ替えプログラムを書きましょう。

そして、前章で書いたようにラムダ式に変数名をつけて、コマンド引数で「並べ替えの方法」を切り替えるプログラムにします。

でも、こんどはラムダ式の使い方が、前章と異なります。

前章では**リスト2-9**のように、ラムダ式を表わす変数自身が「オブジェクト」として、メソッドを呼び出していました。

【リスト2-9】前章の方法

```
something =ラムダ式;
something.run();
```

それに対し、今回は同じ「Collections.sort」というメソッドの「引数」として渡す値を切り替えます。**リスト2-3**で見たことを思い出してください。

【リスト2-10】今回の方法

```
something =ラムダ式;
Collections.sort(numbersList, something);
```

●変数のデータタイプ

ラムダ式に変数をつけるところを先に確認しておきましょう。

こんどのラムダ式は、インターフェイス「Comparator」を実装するクラスのオブジェクトですが、「Comparator」は「ジェネリック型」なので、<Integer>という型指定が必要です。

リスト2-11のようにしなければなりません。

【リスト2-11】ラムダ式に変数をつけた

```
Comparator<Integer> c = (n1, n2)->n1-n2;
```

そして、**リスト2-12**のようにコマンド引数によって、変数「c」のラムダ式の内容を変更します。

【リスト2-12】コマンド引数によって、「c」の「値」を変更

```
case "c1":
 c=(n1, n2)->n2-n1;
 break;
...
```

メソッド「Collections.sort」の引数に「c」を渡した式は、**リスト2-13**を共通に使います。

【リスト2-13】並べ替えの式は共通

```
Collections.sort(numbersList, c);
```

■プログラムの完成

● SimpleSort.java

以上の考え方で、**リスト2-14**の「SimpleSort.java」を書きましょう。

【リスト2-14】SimpleSort.java

```
package simplesort;

import java.util.ArrayList;
import java.util.Collections;
import java.util.Comparator;

public class SimpleSort {

  public static void main(String[] args) {

    int[] numbers = {-2,0,1,4,5,-8};

    ArrayList<Integer> numbersList =
```

```
new ArrayList<Integer>();
for (int n:numbers){
  numbersList.add(n);
}

Comparator<Integer> c = (n1, n2)->n1-n2;  //昇順

if(args.length > 0){

  switch(args[0]){
    case "c1":
    c=(n1, n2)->n2-n1; //降順
    break;

    case "c2":
    c=(n1, n2)->n1*n1-n2*n2; //2乗値を比較
    break;

    case "c3":
    c=new Comparator<Integer>(){
      public int compare(Integer n1, Integer n2){
        return n2-n1;
      }
    }; //旧式の書き方で、降順
    break;

    default:
    break;
  }
}

Collections.sort(numbersList, c);

//リストから要素を書き出す、最後に改行
```

```
    for(int n:numbersList){
      System.out.print(n+" ");
    }
    System.out.print("¥n");
  }
}
```

※「SimpleSort.java」は、本書サンプルプログラムの「sample/chap2」フォルダに収録してあります。

たとえば、**実行例2-1**のように、コマンド引数をつけて実行します。

【実行例2-1】クラス「SimpleSort」を実行、コマンド引数は「c1」

```
java -cp . simplesort.SimpleSort c1
```

【実行例2-2】引数がないときの実行結果

```
-8 -2 0 1 4 5
```

【実行例2-3】引数が「c1」、または「c3」のときの実行結果

```
5 4 1 0 -2 -8
```

【実行例2-4】引数が「c2」のときの実行結果

```
0 1 -2 4 5 -8
```

2-2 文字列の並べ替え

■文字列はむしろ扱いやすい

文字列はプリミティブ型ではなく「String」クラスのオブジェクトなので、前節の整数よりむしろ「迷いがありません」。

簡単な文字列の集合体なら、**リスト2-15**のような方法で「ArrayList」を作ったほうが速いでしょう。

文字列の「配列リテラル」を作ってから、クラス「Arrays」の静的メソッド「asList」で、「ArrayList」に変換するのです。

【リスト2-15】文字列の集合体を「ArrayList」で作る

```
String[] cities = {"Tokyo", "Novosibirsk","Rome",
                   "Beijing", "Johannesburg"};

ArrayList<String> cityList =
 new ArrayList<String>(Arrays.asList(cities));
```

また、**リスト2-15**は「アルファベット順」の並べ替えを行なうため、文字列はすべて英字にしてあります。

■「String」を扱う「Comparator」

インターフェイス「Comparator」は「ジェネリック型」ですから、「String型」のオブジェクトに対して比較を行なうには、**リスト2-16**のように書きます。

【リスト2-16】「String」データを扱う「Comparator」

```
Comparator<String> c = {(s1, s2)->s1が先に来るなら負の値、
                              同位置で良いなら0,
                              後に来るなら正の値}
```

アルファベットの順番を比較するには、クラス「String」に定義されたメソッド「compareTo」が使えます。

ラムダ式で**リスト2-17**のように書けば、「アルファベットの昇順」で比較します。

【リスト2-17】文字列を「アルファベットの昇順」で比較するラムダ式

```
(s1, s2)->s1.compareTo(s2)
```

●他のデータ型でも使える「compareTo」

メソッド「compareTo」は、「Integer型」など他のデータ型にも与えられており、それぞれの最も標準的な方法で比較を行ないます。

実は、前節で扱った数値の並べ替えについても、「Integer型」のメソッド「compareTo」を用いて**リスト2-18**のように書けば、「Integer型」のまま、大きさを昇順で比較できます。

【リスト2-18】数値の大きさを比較できる「compareTo」

```
Comparator<Integer> c = (n1, n2)->n1.compareTo(n2);
```

■「文字数」で並べ替える

文字列の集合体を、「文字数」で並べ替えてみましょう。

「文字数」ということは「整数値」の比較になりますが、「ジェネリック型」のインターフェイス「Comparator」は、あくまでも「String型」を指定します。

文字列「を」、その文字列「で」比較するからです。

「Comparator」の対象となるオブジェクトは、「を」の対象です。

リスト2-19のようになります。

【リスト2-19】文字列を「文字数」で比較する「Comparator」の記述

```
Comparator<String> c = (s1, s2)->
                        s1.length()-s2.length();
```

●メソッド「length」で得られた値は「int値」

比較の基準となる文字数はメソッド「length」で与えられた整数です。

そのため比較の基準には、「compareTo」ではなく「減算」を用います。

■プログラムの完成

●SimpleStringSort.java

以上、プログラム「SimpleStringSort.java」はリスト2-20のようになります。

【リスト2-20】SimpleStringSort.java

```
package simplestringsort;

import java.util.ArrayList;
import java.util.Arrays;
import java.util.Collections;
import java.util.Comparator;

public class SimpleStringSort {

  public static void main(String[] args) {

    String[] cities = {"Tokyo", "Novosibirsk","Rome",
                       "Beijing", "Johannesburg"};

    ArrayList<String> cityList =
    new ArrayList<String>(Arrays.asList(cities));

    Comparator<String> c =
    (s1, s2)->s1.compareTo(s2);//昇順

    if(args.length > 0){

      switch(args[0]){
        case "c1":
        c=(s1, s2)->s2.compareTo(s1); //降順
        break;

        case "c2":
        c=(s1, s2)->s1.length()-s2.length();
```

```
          //文字数で比較
          break;

          default:
          break;
        }
      }

      Collections.sort(cityList, c);

      for(String city:cityList){
        System.out.print(city+", "); //カンマで区切る
      }
      System.out.print("¥n");
  }
}
```

※「SimpleStringSort.java」は、本書サンプルプログラムの「sample/chap2」フォルダに収録してあります。

たとえば、**実行例2-5**のように、コマンド引数をつけて実行します。

【実行例2-5】クラス「SimpleStringSort」を実行、コマンド引数は「c1」

```
java -cp . simplestringsort.SimpleStringSort c1
```

【実行例2-6】引数がないときの実行結果

```
Beijing, Johannesburg, Novosibirsk, Rome, Tokyo,
```

【実行例2-7】引数が「c1」のときの実行結果

```
Tokyo, Rome, Novosibirsk, Johannesburg, Beijing,
```

【実行例2-8】引数が「c2」のときの実行結果

```
Rome, Tokyo, Beijing, Novosibirsk, Johannesburg,
```

2-3 複雑なデータの並べ替え

■日本語を「読み」で並べ替える

漢字の文字列を並べ替えるには、付加情報として「読み」が必要です。

幸い、多くの文字コード系（「Shift-JIS」や「UTF-8」など）では、「ひらがな」「カタカナ」は「五十音順」にコードが与えられているので、自動で並べ替えが可能です。

■クラス「Person」の定義

●静的な「サンプルデータ作成メソッド」も作る

リスト2-21は「simplepersonsort」というパッケージの下に作る「SimplePerson.java」です。

データの構造を記述するクラスで、実行メソッド「main」をもちません。

*

クラス「SimplePerson」は、文字列のプロパティ「name」と「yomi」をもちます。プロパティの「set」メソッドは必要ないので、定義しません。

【リスト2-21】SimplePerson.java

```
package simplepersonsort;

import java.util.List;
import java.util.ArrayList;

public class SimplePerson {
  private String name;
  private String yomi;

  public SimplePerson(String name, String yomi){
    this.name = name;
    this.yomi = yomi;
  }

  public String getName() {
```

```
    return name;
  }

  public String getYomi() {
    return yomi;
  }

  //テスト用のリストを作成する静的メソッド
  public static List<SimplePerson> listPeople(){

    List<SimplePerson> people = new ArrayList<>();

    people.add(new SimplePerson(
    "武田信玄", "たけだしんげん"));
    people.add(new SimplePerson(
    "上杉謙信", "うえすぎけんしん"));
    people.add(new SimplePerson(
    "織田信長", "おだのぶなが"));
    people.add(new SimplePerson(
    "伊達政宗", "だてまさむね"));
    people.add(new SimplePerson(
    "北条氏康", "ほうじょううじやす"));
    people.add(new SimplePerson(
    "毛利元就", "もうりもとなり"));

    return people;
  }
}
```

リスト2-21のクラス「SimplePerson」の定義には、これから書くプログラムで使うためのオブジェクトの「リスト」を作る、「静的メソッド」も定義しました。

メソッド名は「listPeople」です。

プロパティ「name」(漢字の名前)と「yomi」(ひらがなの読み)に適切な値を渡して、クラス「SimplePerson」のオブジェクトを作ります。

■「読み」で並べ替え、「漢字」を表示する

●「SimplePersonSort.java」ファイル

同じ「simplepersonsort」パッケージ中に、「SimplePersonSort.java」ファイルを作ります。

クラス「SimplePersonSort」は、メソッド「main」をもち、すべての作業は「main」の中に記述します。

●「自作クラスのオブジェクト」を集めたリスト

「main」の中に書く作業について、解説しましょう。

まず、並べ替えの対象となるリストを作ります。

【リスト2-22】「SimplePerson」オブジェクトのリスト「people」

```
List<SimplePerson> people = SimplePerson.listPeople();
```

「people」の型は「List」と宣言されていますが、実際は**リスト2-22**に書かれた定義の通り「ArrayList」のオブジェクトが得られます。

このように、Javaではコードに柔軟性をもたせるために、なるべくクラスではなくインターフェイスで型宣言をします。

その代表格が、「List」と「ArrayList」です。

なぜなら、「ArrayList」で使う多くのメソッドは、「List」で定義したメソッドの実装なので、コンパイルエラーが生じることはほとんどないからです。

●自作クラスの型を扱う「Comparator」

第2-1節では「Integer型」、第2-2節では「String型」のデータを扱う「Comparator」を定義しました。

いずれも、Javaによってはじめから与えられているデータ型です。

こんどは、**リスト2-21**で作ったクラス「SimplePerson」の型のデータを扱います。

ゆえにインターフェイス「Comparator」を実装するラムダ式「c」の型宣言は、**リスト2-23**のようになります。

【リスト2-23】クラス「SimplePerson型」のデータを扱う「Comparator」

```
Comparator<SimplePerson> c =
```

※インターフェイスを実装するクラスのオブジェクトをラムダ式で書いたものを、本書は簡単に「インターフェイスを実装するラムダ式」と呼びます。

リスト2-23で定義するラムダ式の引数「p1」「p2」は、「クラスSimplePersonのオブジェクト」になります。

そこで、「SimplePerson」で定義したメソッド「getYomi」を呼び出すことができます。

こうして、**リスト2-24**のように書けば、「読み」の五十音順に並べ替える基準が設定できます。

【リスト2-24】「Comparator」を実装するラムダ式「c」の定義

```
Comparator<SimplePerson> c =
 (p1, p2)->p1.getYomi().compareTo(p2.getYomi());
```

●「漢字」で直接比較すると?

「読み」ではなく「漢字の名前」を直接並べ替えるとどうなるでしょうか。

コマンド引数に「kanji」を入れて実行すると、**リスト2-24**の設定がメソッド「getName( )」を呼び出して比較する基準に変わるようにしましょう。

こんどのプログラムでは、コマンド引数は1種類だけで終えるので、「if文」を使います。

【リスト2-25】コマンド引数によって「c」の定義を変更する

```
if(args.length > 0 && args[0].equals("kanji"){
  c =(p1, p2)->p1.getName().compareTo(p2.getName());
}
```

●プログラムの完成

以上の注意事項を心にとめて、**リスト2-26**の「SimplePersonSort.java」を書きましょう。

【リスト2-26】SimplePersonSort.java

```
package simplepersonsort;

import java.util.Collections;
import java.util.Comparator;
import java.util.List;

public class SimplePersonSort {

  public static void main(String[] args) {

    List<SimplePerson> people =
    SimplePerson.listPeople();

    Comparator<SimplePerson> c =
    (p1, p2)->p1.getYomi().compareTo(p2.getYomi());

    if(args.length > 0 && args[0].equals("kanji")){
      c =(p1, p2)->p1.getName().compareTo(p2.getName());
    }

    Collections.sort(people, c);

    for (SimplePerson p:people){
      System.out.println(p.getName());
    }
  }
}
```

※「SimplePerson.java」「SimplePersonSort.java」は、本書サンプルプログラムの「sample/chap2」フォルダに収録してあります。
　1つのアプリケーションとして実行できるように、同じパッケージ・フォルダ「simplepersonsort」に入っています。

【実行例2-9】クラス「SimplePersonSort」を引数なしで実行

```
java -cp . simplestringsort.SimpleStringSort
```

【実行例2-10】名前の読みの五十音順に表示される

```
上杉謙信
織田信長
武田信玄
伊達政宗
北条氏康
毛利元就
```

実行例2-9にコマンド引数「kanji」をつけて実行すると、先頭の漢字の文字コード順に表示されます。

Unicodeなど多くの場合は、「部首の画数」の少ない順です。

【実行例2-11】先頭の漢字の「部首の画数」が少ない順

```
上杉謙信
伊達政宗
北条氏康
武田信玄
毛利元就
織田信長
```

2-4 さらに複雑なデータの並べ替え

■より多くのデータを含むクラス「HistoryPerson」

自分でクラスを作ったり、並べ替え条件を工夫するなどで、ラムダ式も面白くなってきましたね。

そこで、「SimplePerson」のクラスにもっとデータ構造を加えたクラス「HistoryPerson」を作りましょう。

「日本史の研究」を想定した構造をもつクラスで、これ以降の章でも使えます。

＊

パッケージ「historypersonsort」のもとに新しく作り直すことにします。

ただし、本書はラムダ式を使っていくのが目的ですから、これから示すメソッドの引数と戻り値、目的が共通していれば、他の内容は違っていてもかまいません。

たとえば、追加の変数や補助的なメソッドがあっても問題ありません。皆さんがより良いと思う方法で書いてください。

●必要なメソッド

これからラムダ式を使っていくのに必要なメソッドの構造は、以下の通りです。

表2-1　クラス「HistoryPerson」に必要なメソッド

メソッド名	修飾子	戻り値	引数	意味
getName	public	String	空	人物名の漢字表記
getYomi	public	String	空	人物名のよみがな
getBornYear	public	int	空	生年（西暦）
getDeadYear	public	int	空	没年（西暦）
getCastleName	public	String	空	居城名
getCastleLatitude	public	double	空	居城の緯度
getCastleLongitude	public	double	空	居城の経度
listPeople	public static	List <HistoryPerson>	空	上記のメソッドで得られるデータをもつオブジェクトのリスト

なお、「生年」「没年」は扱いを簡単にするため整数にしました。

生年月日を「日付」クラスで扱う方法は、第6章で紹介します。

●本書で紹介するクラス「HistoryPerson」の定義

表2-1のメソッドを与えるために、本書で示すクラス「HistoryPerson」は、以下の**表2-2**のようなデータ構造をもちます。

表2-2　クラス「HistoryPerson」のデータ構造

内　容		内部クラス	内部クラスのフィールド	データ型	HistoryPersonのプロパティ
名前	漢字	Name	kanji	String	name
	読み		yomi	String	
活動期間	生年	Life	bornYear	int	life
	没年		deadYear	int	
居城	名前	Castle	name	String	castle
	北緯		latitude	double	
	東経		longitude	double	

表2-2のように、クラス「HistoryPerson」は、3つの内部クラス「Name」「Life」「Castle」をもち、それぞれの内部クラスのフィールドに値を与えます。

クラス「HistoryPerson」が自身のプロパティとしてもつのは、これらの内部クラスのオブジェクト「name」「life」「castle」です。

＊

表2-2に基づいて書いた「HistoryPerson.java」の必要最小限の内容が、**リスト2-27**です。

ずいぶん長いですが、このクラスは、あくまでもプログラムに使う「データ」として、必要なものです。

本書でじっくり検討するのは、このデータをラムダ式で処理していく「HistorPersonSort.java」のほうです。

文法や仕組みはともかく、この通り書いてみてください。

※本書サンプルプログラムの「sample/chap2」フォルダに、このファイルも収録しているので、そのまま使ってもかまいません。

【リスト2-27】「HistoryPerson.java」の必要最小限の記述

```
package historypersonsort;

import java.util.ArrayList;
import java.util.List;

public class HistoryPerson {

  private Name name;
  private Life life;
  private Castle castle;

  /*
  * 各内部クラスの空のオブジェクトを作成するだけ。
  * 引数は取らない。
  */
  public HistoryPerson(){

    this.name= new HistoryPerson.Name();
    this.life= new HistoryPerson.Life();
    this.castle= new HistoryPerson.Castle();

  }

    /*
    * オブジェクトを作成してから値を設定する
    * 内部クラスにそれぞれ定義されたcreateメソッドを呼ぶ
    * 自分自身を戻すので、連続して次のメソッドが呼べる
    */
  HistoryPerson createName(String kanji, String yomi){
    this.name.create(kanji, yomi);
    return this;
  }
```

```
HistoryPerson createLife(int bornYear, int  deadYear){
  this.life.create(bornYear, deadYear);
  return this;
}

HistoryPerson createCastle(
String name, double latitude, double longitude){
  this.castle.create(name, latitude, longitude);
  return this;
}

/*
* 内部クラス。コンストラクタでは値を設定しない。
*  createメソッドで設定する
*/
class Name{
  private String kanji="";
  private String yomi="";

  void create(String kanji, String yomi){
    this.kanji = kanji;
    this.yomi =yomi;
  }
}

class Life{
  private int bornYear=0;
  private int deadYear=0;

  void create(int bornYear, int deadYear){
    this.bornYear=bornYear;
    this.deadYear=deadYear;
  }
}
```

```
class Castle{
  private String name="";
  private double latitude=0;
  private double longitude=0;

  void create(String name, double latitude,
  double longitude){
    this.name= name;
    this.latitude = latitude;
    this.longitude=longitude;
  }
}
/*
* 自分のプロパティのgetメソッドのように見せて
* 実は内部クラスのフィールドを得ている
*/
public String getName(){
  return this.name.kanji;
}

public String getYomi(){
  return this.name.yomi;
}

public int getBornYear(){
  return this.life.bornYear;
}

public int getDeadYear(){
  return this.life.deadYear;
}

public String getCastleName(){
```

```
    return this.castle.name;
  }

  public double getCastleLatitude(){
    return this.castle.latitude;
  }


  public double getCastleLongitude(){
    return this.castle.longitude;
  }

  public static List<HistoryPerson> listPeople(){

    List<HistoryPerson> people = new ArrayList<>();

    people.add(new HistoryPerson()
    .createName("武田信玄", "たけだしんげん")
    .createLife(1521, 1573)
    .createCastle("躑躅ヶ崎館",
    35.414171, 138.343890)
    );

    people.add(new HistoryPerson()
    .createName("上杉謙信", "うえすぎけんしん")
    .createLife(1530, 1578)
    .createCastle("春日山城", 37.084808, 138.121999)
    );

    people.add(new HistoryPerson()
    .createName("織田信長", "おだのぶなが")
    .createLife(1534, 1582)
    .createCastle("安土城", 35.092129, 136.082487)
    );
```

```
    people.add(new HistoryPerson()
    .createName("伊達政宗", "だてまさむね")
    .createLife(1567, 1638)
    .createCastle("青葉城", 38.150892, 140.512216)
    );

    people.add(new HistoryPerson()
    .createName("北条氏康", "ほうじょううじやす")
    .createLife(1515, 1571)
    .createCastle("小田原城", 35.150377, 139.091239)
    );

    people.add(new HistoryPerson()
    .createName("毛利元就", "もうりもとなり")
    .createLife(1521, 1573)
    .createCastle("吉田郡山城",
    34.402747, 132.423452)
    );

    return people;
  }
}
```

※リスト2-27のメソッド「listPeople」における各人の「生没年」「居城の名称」「緯度・経度データ」などは、「Wikipedia」の該当ページにおける記述を参考にしてあります。なお、あくまでプログラミングの手法を学ぶためのサンプルデータですので、史実上・地理上の正確さは重要と考えていません。

●テスト表示のメソッド

最低限の内容を書いた「HistoryPerson.java」に、さらに試験的にデータを記述する補助的メソッドを書いておきます。

リスト2-27の定義の最後尾(最後の波括弧の前)に、3つ書きましょう。

*

リスト2-28のメソッド「describePerson」は、「人名」と「生没年」をともに表示する文字列を与えるメソッドです。

【リスト2-28】メソッド「describePerson」

```
public String describePerson(){
  return this.getName()+" "+
  this.getBornYear()+"-"+this.getDeadYear();
}
```

*

リスト2-29のメソッド「describeCastle」は、「人名」と「居城の名」を表示する文字列を与えるメソッドです。

【リスト2-29】メソッド「describeCastle」

```
public String describeCastle(){
  return this.getName()+"が居城とした"+
  this.getCastleName();
}
```

*

最後に、リスト2-30のメソッド「describeAge」は、「西暦」を表わす数値を引数に取ります。

戻り値は、その年に各人が「何歳」だったかを表示する文字列です。
生年以前、没年以後の数値に対しても考慮します。

【リスト2-30】メソッド「describeAge」

```
public String describeAge(int year){

  String description=this.getName()+"は";

  //yearが生年以前
  if(year < this.getBornYear()){
    description+="まだ生まれていませんでした";
```

```
  }
  //yearが没年以後
  else if (year > this.getDeadYear()){
    description+="もうこの世にいませんでした";
  }
  else{
    description += year-this.getBornYear()+"歳でした";
  }

  return description;
}
```

クラス「HistoryPerson」の定義は、ひとまず完成です。

＊

では、このクラスのオブジェクトをいろいろに並べ替えるための、実行メソッド「main」を含むクラス「HistoryPersonSort.java」を同じパッケージ「historypersonsort」に作っていきましょう。

■いろいろに並べ替える実行クラス「HistoryPersonSort」

●並べ替えだけでなく、表示文字列も切り替える

「HistoryPersonSort」でも、コマンド引数の値によって処理の内容を切り替えます。

リストを異なる基準で並べ替える、という方針はこれまでと同じです。
しかし、こんどは並べ替えたリストについて、表示する内容も切り替えます。

すなわち、「名前のよみがな」で並べ替えるときは、**リスト2-31**のようにメソッド「describePerson」で得られた文字列を表示します。

【リスト2-31】「名前のよみがな」で並べ替えたリスト「people」を書き出す

```
for(HistoryPerson p:people){
  System.out.println(p.describePerson());
}
```

＊

一方、「居城の位置」(北緯または東経)で並べ替えるときは、**リスト2-32**のようにメソッド「describeCastle」で得られた文字列を表示します。

【リスト2-32】「居城の位置」で並べ替えたリスト「people」を書き出す

```
for(HistoryPerson p:people){
  System.out.println(p.describeCastle());
}
```

＊

「年齢」に関係する並べ替えを行なうときは、メソッド「describeAge」で得られた文字列を表示します。

ただし、このメソッドは「基準となる年」を引数に取ります。

となると、上の二つとは異なるので、本章では例として「1560年」という引数を渡すことにします。

【リスト2-33】「年齢」に関して並べ替えたリスト「people」を書き出す

```
for(HistoryPerson p:people){
  System.out.println(p.describeAge(1560));
}
```

これで、以下のようにラムダ式を考えます。

●表示メソッドもラムダ式で

リスト2-31から**リスト2-33**までは、どれも「オブジェクトp」に対して「pにメソッドを呼び出させる」という関数のように考えることができます。

そこで、たとえば**リスト2-31**の場合、**リスト2-34**のようなラムダ式を考えます。

【リスト2-34】「pがメソッドを呼び出す」というラムダ式

```
(p)->p.describePerson()
```

このラムダ式を、**第1章**のようにインターフェイス「Runnable」の実装として使えるでしょうか。

答はダメです。なぜなら、「Runnable」の実装メソッド「run」は、引数も戻り値もないので、**リスト2-35**のようなラムダ式でなければなりません。

【リスト2-35】「Runnable」の実装に使えるラムダ式の形

```
()-> 値を戻さず処理だけする
```

*

ところが、**リスト2-34**のラムダ式では引数「p」が出ています。
また、メソッド「describePerson」の戻り値は文字列です。

そこで、自分でインターフェイス「Description」を書きます。
そして、**リスト2-36**のように、「引数を取り」「戻り値を与える」メソッド「getString」を定義します。

【リスト2-36】インターフェイス「Description」

```
@FunctionalInterface
interface Description{
  public String getString(HistoryPerson p);
}
```

リスト2-37のように、インターフェイス「Description」を実装するクラスのオブジェクト「d」を作り、初期値をラムダ式で与えておきます。

【リスト2-37】オブジェクト「d」の作成

```
Description d = (p)->p.describePerson();
```

つまりコマンド引数によって、「d」の値となるラムダ式を、「describePerson」から「describeCastle」や「describeAge(1560)」に切り替えるのです。

「d」が**リスト2-35**の「getString」を呼び出します。これをリスト「people」について繰り返すのが、**リスト2-38**です。
コマンド引数によって、「d」の値が違っても、変わらない記述です。

【リスト2-38】「d」の値が違っても変わらない記述

```
for(HistoryPerson p:people){
  System.out.println(d.getString(p));
}
```

●「居城の位置」で並べ替える注意事項

各オブジェクトに与えられた「居城の位置」で並べ替える方法には、注意があります。

「北緯」で並べ替えるとして、解説します。

地図上の「上」が「北」に当たるため、位置は「北から南へ」書かれることがよく見られます。

それに合わせて、いちばん北(北緯として最大)にある場所が、いちばん上(順番として最初)に表示されるようにするには、「降順」の並べ替えにします。

「北緯」として与えられるデータは、「double型」のプリミティブで、メソッド「getCastleLatitude」によって与えられます。

「double」なので、四則演算ができます。

しかし、これを**リスト2-39**のようなラムダ式にすると、「誤差が出る懸念が強い」ことからコンパイルエラーになります。

【リスト2-39】乱暴につきコンパイルエラー

```
(p1, p2)->p2.getCastleLatitude()-p1.getCastleLatitude()
```

そこで**リスト2-40**のように「compareTo」メソッドを使います。

「double型」にも、「オートボクシング」は行なわれますが、「プリミティブ型」のまま直接メソッド「compareTo」を呼び出すという書き方は、これも乱暴と見なされます。

そこで、「Double型のオブジェクト」に、自分で「ボクシング」します。

【リスト2-40】考え方

```
new Double(double2).compareTo(new Double(double1));
```

【リスト2-41】実際の書き方

```
new Double(p2.getCastleLatitude()).compareTo(
 new Double(p1.getCastleLatitude()));
```

●プログラムの完成

リスト2-31からリスト2-41の考え方で、「HistoryPersonSort.java」を完成させます。リスト2-42の通りです。

【リスト2-42】HistoryPersonSort.java

```
package historypersonsort;

import java.util.Collections;
import java.util.Comparator;
import java.util.List;

public class HistoryPersonSort {

  //インターフェイスを自分で設定
  @FunctionalInterface
  interface Description{
    public String getString(HistoryPerson p);
  }

  public static void main(String[] args) {

    List<HistoryPerson> people =
    HistoryPerson.listPeople();

    //cの初期値は「読みがなで並べ替え」
    Comparator<HistoryPerson> c =
    (p1, p2)->p1.getYomi().compareTo(p2.getYomi());

    //dの初期値で「describePerson」を使う
    Description d = (p)->p.describePerson();
```

```
if(args.length > 0){
  switch(args[0]){
    //居城の位置(北緯)で並べ替える
    case "castle":
    c=(p1, p2)->
    new Double(p2.getCastleLatitude())
    .compareTo(
    new Double(p1.getCastleLatitude())
    );

    d= (p)->p.describeCastle();

    break;

    //生年で並べ替える
    case "age":

    c=(p1, p2)-> p1.getBornYear()-p2.getBornYear();

    //1560年には何歳だったか?
    d= (p)->p.describeAge(1560);

    break;

    default:
    break;
  }
}

//すべての場合について共通
Collections.sort(people,c);
for(HistoryPerson p:people){
  System.out.println(d.getString(p));
```

```
    }
  }
}
```

※「HistoryPerson.java」「HistoryPersonSort.java」は、本書サンプルプログラムの「sample/chap2」フォルダに収録してあります。

1つのアプリケーションとして実行できるように、同じパッケージ・フォルダ「historypersonsort」に入っています。

■いろいろな条件で並べ替える

●「人物名」と「活動期間」

たとえば**実行例2-12**のように実行します。

引数がないので、メソッド「describePerople」の結果が「よみがな順に」表示される設定です。

【実行例2-12】クラス「HistoryPersonSort」の実行(コマンド引数なし)

```
java -cp . historypersonsort.HistoryPersonSort
```

【実行例2-13】「実行例2-12」の実行結果

```
上杉謙信 1530-1578
織田信長 1534-1582
武田信玄 1521-1573
伊達政宗 1567-1638
北条氏康 1515-1571
毛利元就 1521-1573
```

●「人物名」と「居城名」

コマンド引数に「castle」を指定すると、メソッド「describeCastle」の結果が「北緯の大きな順(降順)」で表示されます。

【実行例2-14】コマンド引数に「castle」がついたとき

```
伊達政宗が居城とした青葉城
上杉謙信が居城とした春日山城
武田信玄が居城とした躑躅ヶ崎館
```

```
北条氏康が居城とした小田原城
織田信長が居城とした安土城
毛利元就が居城とした吉田郡山城
```

本当に「北緯の大きな順」かは、「getLatitude」の値をも表示させるプログラムを書けば分かります。

ここでは、ラムダ式以外の内容が長くなるといけないので、メソッド「describeCastle」では、「人物」と「居城名」だけを表示させるようにしました。

> ※実行例2-14の結果をザッと見て、「青葉城」のある「仙台」がいちばん上（北）、そのあと「新潟」「長野」と続き、最後（南）に「広島」がきています。
> 「小田原（神奈川）と「安土（滋賀）」のどちらが北かはパッとは分からないかもしれませんが、正しく並べ替えられたと見ていいでしょう。

●1560年には何歳だったか

1560年とは、かの「桶狭間の戦い」があったと言われる年です。

コマンド引数を「age」にすると、並べ替えの基準は、「生まれた年の小さい(早い)順」、すなわち「年齢の高い順」です。

【実行例2-15】コマンド引数に「age」がついたとき

```
北条氏康は45歳でした
武田信玄は39歳でした
毛利元就は39歳でした
上杉謙信は30歳でした
織田信長は26歳でした
伊達政宗はまだ生まれていませんでした
```

伊達政宗は少しあとの時代に生まれた人なので、「生まれていなかった」という判定が出ましたね。

＊

以上、ラムダ式のおかげで、「構造が似ていて内容が違う」処理を1つのプログラムに納めて、コマンド引数で「処理を使い分ける」ことが用意になりました。

さらにラムダ式を使っていくために、次章ではラムダ式に関連する新しい記法を学びます。

第3章

「ラムダ式」を使いやすくするための新しい記法

「ラムダ式」は便利ですが、「ラムダ式」そのものが複雑になると、面白くありません。
そこで、「ラムダ式」を使いやすくするための記法が、いろいろあります。
本章では、その中でも特に有用な、「メソッド参照」と「デフォルト・メソッド」の使い方を学びます。

3-1 「メソッド参照」の概要

■「矢印」を書かなくてすむ

「メソッド参照」(メソッド・リファレンス)とは、ラムダ式の引数がそのまま何かのメソッドの引数に渡される場合に、もっと省略できる記法です。

たとえば、ラムダ式が**リスト3-1**のような場合です。

引数「x」は、「MyClass.myStaticMethod」(静的メソッドを想定)というメソッドに渡される以外、使われていません。

【リスト3-1】「メソッド参照」で書けるラムダ式の例

```
(x)->MyClass.myStaticMethod(x)
```

この**リスト3-1**は、**リスト3-2**のように「メソッド名」だけで表わせます。

「括弧」も「矢印」も、「引数名」さえも不要になります。

【リスト3-2】「リスト3-1」の「メソッド参照」

```
MyClass::myStaticMethod
```

*

この例だけでは、細かいところの実感がつかめないと思います。

以下に詳しく説明しましょう。

■「メソッド参照」の詳細

●なぜ「引数名」が要らないのか

ラムダ式で「引数名」が必要なのは、**リスト3-3**のように、式の中に直接処理の内容を書く場合です。

【リスト3-3】ラムダ式の中で「x, y」を直接処理

```
(x,y)->x+y
```

一方、メソッドを呼ぶのであれば、そのメソッドの定義の中に引数が記述されています。

コンパイラはそれを読み取るので、ラムダ式中に書く必要がなくなるのです。

●「静的メソッド」でないといけないのか

リスト3-1では「MyClass.myStaticMethod」という、「静的メソッド」を想定した例をとりました。

理由は、そのほうが考えやすいから、というだけです。

「静的メソッド」とは限らず、オブジェクトが呼び出すメソッド(インスタンス・メソッド)でも、「メソッド参照」は可能です。

＊

以後、具体的な例で理解を深めましょう。

3-2 「静的メソッド」における「メソッド参照」

■準備

●過去のプログラムを改良

「静的メソッド」を用いた「メソッド参照」の例を試すために、前章で作った「HistoryPerson」「HistoryPersonSort」のプログラムを改良します。

まず、プログラムを複製して、パッケージ名だけを変更しましょう。

●パッケージ名を複製して変更

具体的には、**第2章**で作ったプログラムのパッケージ・フォルダ「historypersonsort」を複製し、「historypersonsort_methodref」に変更します。

また、その中にある「HistoryPerson.java」と「HistoryPersonSort.java」を開いて、いちばん最初に書かれた**リスト3-4**を、**リスト3-5**に変更します。

【リスト 3-4】第2章で書いたパッケージ宣言

```
package historypersonsort;
```

【リスト 3-5】パッケージ名を変更

```
package historypersonsort_methodref;
```

EclipseやNetBeansなどのIDEを使っているのであれば、「プロジェクトを複製」「リファクタリングで名前変更」などのメニューコマンドで、作業効率を上げるといいでしょう。

■「静的メソッド」の作成

●並べ替えの基準を「静的メソッド」に

プログラム「HistoryPersonSort」では、いくつかの並べ替えのラムダ式を用いました。**リスト3-6**に示す通りです。

【リスト 3-6】「HistoryPersonSort」で用いた「並べ替え」のラムダ式

```
//読みがなによる並べ替え
(p1, p2)->p1.getYomi().compareTo(p2.getYomi())

//居城の緯度による並べ替え
(p1, p2)->new Double(p2.getCastleLatitude()).compareTo(
 new Double(p1.getCastleLatitude()))

//生年による並べ替え
(p1, p2)->p1.getBornYear()-p2.getBornYear()
```

これらのラムダ式の、「->」から左側の部分だけを、それぞれメソッドの中に入れてしまうことを考えます。「何らかのクラスの静的メソッド」です。

【リスト3-7】何らかのクラスの静的メソッド

```
//読みがなによる並べ替え
public static int compareByName(HistoryPerson p1,
HistoryPerson p2){
  return p1.getYomi().compareTo(p2.getYomi());
}

//居城の緯度による並べ替え
public static int compareByLatitude(HistoryPerson p1,
HistoryPerson p2){
  return new Double(p2.getCastleLatitude())
```

```
  .compareTo(
  new Double(p1.getCastleLatitude())
  );
}

//生年による並べ替え
public static int compareByBornYear(HistoryPerson p1,
HistoryPerson p2){
  return p1.getBornYear()-p2.getBornYear();
}
```

リスト3-7のメソッドでは、すべて引数は**リスト3-8**に示すように、クラス「HistoryPerson」のオブジェクト2つです。

すなわち、比較の対象になるオブジェクトです。

【リスト3-8】「リスト3-7」のメソッドの引数

```
(HistoryPerson p1, HistoryPerson p2)
```

●「静的メソッド」を与えるクラスを作成

リスト3-7のメソッドを与えるクラスとして、同じパッケージ「historypersonsort_methodref」内に、ファイル「HistoryPersonCompareProvider.java」を作ります。

そして、**リスト3-7**の内容をすべて書きます。

プログラムの全文は、**リスト3-7**の外側に、パッケージの宣言とクラスの枠組みを書いただけです。インポートするクラスは特にありません。

【リスト3-9】「HistoryPersonComparerProvider.java」全文

```
package historypersonsort_methodref;

public class HistoryPersonCompareProvider {
  //リスト3-7をまるごと
}
```

リスト3-9を書いたら保存します。これで、「静的メソッド」が作れました。

> ※リスト3-9のクラス名を「HistoryPersonComparator」にすると、「java.util.stream.Comparator」のサブクラスかと思われる危険があります。
> そのため、名前は長いのですが「CompareProvider」という名称を付加しています。

■「メソッド参照」の使用

パッケージ「historypersonsort_methodref」における、「HistoryPeronSort」を編集します。

●ラムダ式の左側をメソッドに

「並べ替え」を記した3つのラムダ式(**リスト3-6**)をそれぞれ、「HistoryPersonCompareProvider」で定義したメソッドに置き換えます。

概要は、**リスト3-10**になります。実際のコードのどこが置き換わったか、は、後でまとめて示します。

【リスト3-10】「HistoryPersonCompareProvider」のメソッドを使ったラムダ式

```
//読みがなによる並べ替え
(p1, p2)->
 HistoryPersonCompareProvider.compareByName(p1, p2)

//居城の緯度による並べ替え
(p1, p2)->
 HistoryPersonCompareProvider
 .compareByLatitude(p1, p2)

//生年による並べ替え
(p1, p2)-> HistoryPersonCompareProvider
 .compareByBornYear(p1, p2)
```

●「メソッド参照」が使えることを確認

リスト3-10の3つのラムダ式では、引数「p1, p2」は何ら具体的な処理を受けていません。

それぞれのメソッドの引数にそのまま渡されているだけですね。

このような条件なので、「メソッド参照」が使えます。

使えない例と比較しましょう。たとえば、**リスト3-11**のように、「p1」(か「p2」、または両方)が他の処理を受けている場合です。

【リスト3-11】「メソッド参照」が使えないラムダ式

```
(p1, p2)->{
  if(p1 != null )
  HistoryPersonCompareProvider.compareByName(p1, p2);
}
```

●ラムダ式を「メソッド参照」に

そこで、**リスト3-10**の各ラムダ式を、「メソッド参照」に書き換えて、処理は完成です。

各ラムダ式は、**リスト3-12**のように変換されます。
「HistoryPersonSort.java」全体がどうなるかは、後でまとめて示します。

【リスト 3-12】ラムダ式を「メソッド参照」に書き換え

```
//読みがなによる並べ替え
HistoryPersonCompareProvider::compareByName

//居城の緯度による並べ替え
HistoryPersonCompareProvider::compareByLatitude

//生年による並べ替え
HistoryPersonCompareProvider::compareByBornYear
```

■「メソッド参照」は便利なのか?

以上の作業で、「メソッド参照を書くために、むしろ面倒なことをやらされたのではないか」と疑問を感じた人もいるかもしれません。

しかしそれは、あくまでも「メソッド参照」を使うための練習をしているからです。

「ラムダ式」のいいところは、別にクラスを作ったりメソッドを定義したりしなくても、実行クラスの「main」メソッドの中など、その場で処理を記述できるところです。

最初はとにかくラムダ式を書いて、その過程でたまたま「ここはメソッド参照で書けるじゃないか」と思ったら書けばいいのです。

そこで、「どんなときにメソッド参照で書けるのか」という経験をもっておくために、練習では意図的に「メソッド参照」で書ける内容を作り出しているのです。

*

次節の内容も、「どんなときにメソッド参照で書けるのか、書けないのか」を論理的かつ体感的に区別できるように試していきます。

3-3 「メソッド参照」のいくつかの問題

■無理に書かなくてもいいのだが

前節の最後に説明したように、「メソッド参照を書くのに問題がある」ような状況では、「書かなければいい」のです。

ラムダ式を、「メソッド参照」に書き換えるためにアプリケーションの構造を変更しなければならない、などということはありません。

しかし、「3通りのデータ処理法のうち2通りまではメソッド参照で書けたが、1つがラムダ式のままだ」とか、「このクラスだけ書き換えれば、アプリケーションがすべてメソッド参照で書ける」というように、体系の整ったプログラムにしたい場合は、頑張ってみてもいいでしょう。

以下の作業は、そのような感じです。

「HistoryPersonSort」では、「並べ替え」と「表示方法」の2系統をラムダ式で書き、そのうち前節で「並べ替え」はメソッド参照に直すことができました。

とすると、「表示方法」についても、直してみたくなると思います。

■オブジェクトが呼び出すメソッドの場合は?

●表示方法を別クラスに

プログラム「HistoryPersonSort」では、並べ替えの結果に対応した表示用法を用いました。

これらが上述の「並べ替え方法」と異なる点は、クラス「HistoryPerson」の中にメソッドとして記述されている点です。

たとえば、**リスト3-13**です。

【リスト3-13】「HistoryPerson」に定義した表示メソッドのひとつ

```
//読みがなによる並べ替えの結果を表示
public String describePerson(){
  return this.getName()+" "+this.getBornYear()
  +"-"+this.getDeadYear();
}
```

*

そこで、「HistoryPersonSort」のラムダ式では、**リスト3-14**のように、「オブジェクトpがこのメソッドを呼び出す」形になっています。

【リスト3-14】オブジェクトがメソッドを呼び出すラムダ式

```
p->p.describePerson()
```

しかし、このままでは「メソッド参照」で書けません。オブジェクト「p」がメソッドの引数に入っていないからです。

*

そこで、同じパッケージ内にファイル「HistoryPersonDescriber.java」を作成し、**リスト3-13**の定義を「HistoryPerson.java」からそちらに移動します。

「別クラス」で定義することによって、オブジェクトは自分自身がメソッドを呼び出すのではなく、別クラスのメソッドに引数として渡されることになります。

つまり、**リスト3-13**で自分自身を示す「this」と記述したところを、引数「p」として、外から与えるようになります。

【リスト3-15】「HistoryPersonDescriber.java」に移動するための書き換え

```
//読みがなによる並べ替えの結果を表示
public static String describePerson (HistoryPerson p){
  return p.getName()+" "+p.getBornYear()
  +"-"+p.getDeadYear();
}
```

リスト3-15では、「static」修飾子をつけてメソッドを「静的」にしています。そのほうが分かりやすいからであり、前節の処理と合わせるためでもあります。

リスト3-15で移動したメソッド「describePerson」に続いて、「describeCastle」も、オブジェクト「p」が引数として入る形にできました。

【リスト3-16】「describeCastle」も移動

```
//居城の緯度による並べ替えの結果を表示
public static String describeCastle
(HistoryPerson p){
  return p.getName()+"が居城とした"+
  p.getCastleName();
}
```

●「静的メソッド」による「メソッド参照」が書けない形式

しかし、「describeAge」だけは形式が異なります。もともと**リスト3-17**のように「int型」の引数を取っているからです。

【リスト3-17】メソッド「describeAge」の元々の形

```
//生年による並べ替えの結果を表示
public String describeAge(int year)(
  ....
}
```

他のメソッドに対して行なったように、オブジェクト「p」を引数に入れるようにすると、メソッド「describeAge」は**リスト3-18**のようになります。

【リスト3-18】オブジェクト「p」を変数に入れると?

```
public static String describeAge(
HistoryPerson p, int year)(
....
}
```

前章で書いたように「引数pがメソッドを呼び出す」というラムダ式であれば、「describeAge」の引数に(1560)を固定して形を揃えました。

【リスト3-19】「HistoryPersonSort」で用いた表示のラムダ式

```
//読みがなによる並べ替えの結果
(p)->p.describeName

//居城の緯度による並べ替えの結果
(p)->p.describeCastle

//生年による並べ替えの結果
(p)->p.describeAge(1560)
```

各メソッドを「pを引数にとるメソッド」に書き換えると、**リスト3-20**のようなラムダ式になります。

【リスト3-20】「p」を引数にとるメソッドを用いるラムダ式

```
//読みがなによる並べ替えの結果
(p)->HistoryPersonDescriber.describeName(p)

//居城の緯度による並べ替えの結果
(p)->HistoryPersonDescriber.describeCastle(p)

//生年による並べ替えの結果
(p)->HistoryPersonDescriber.describeAge(p, 1560)
```

リスト3-20の上の2つは、このようにしてリスト3-21のような「メソッド参照」に書き換えることができます。

【リスト3-21】「リスト3-20」を「メソッド参照」で書く

```
//読みがなによる並べ替えの結果
HistoryPersonDescriber::describeName

//居城の緯度による並べ替えの結果
HistoryPersonDescriber::describeCastle
```

でも、メソッド「describeAge」は、このままではメソッド参照で書けません。

もうひとつの引数として与えられている数値、「1560」の情報をもたせることができないからです。

*

「あきらめてラムダ式のままにする」というのもひとつの方法です。

しかし、どうしても「メソッド参照」にしたい場合、メソッド「describeAge」を「インスタンス・メソッド」にすると解決します。

これについては、次節で解説します。

MEMO

3-4 「インスタンス・メソッド」における「メソッド参照」

■フィールド「compareYear」とコンストラクタ

●余計な引数をフィールドにする

クラス「HistoryPersonDescriber」を編集します。

フィールド「compareYear」を作り、コンストラクタで「compareYear」の値を受け取るようにします。

【リスト 3-22】フィールド「compareYear」とコンストラクタ

```
public class HistoryPersonDescriber {
  public int compareYear;

  public HistoryPersonDescriber(int year){
    this.compareYear= year;
  }
  .....後略
```

これは、いままでずっとメソッド「describeAge」の引数として扱ってきた「year」を、「HistoryPersonDescriber」のフィールドとして吸収してしまうためです。

※「compareYear」の「get」メソッド、「set」メソッドは、本書の例では必要としませんが、作れば「compareYear」をプロパティとして使えます。

■メソッド「describeByAge」の書き換え

●引数が1つ消えた

そこで、クラス「HistoryPersonDescriber」中に定義するメソッド「describeAge」を、**リスト3-23**のような「インスタンス・メソッド」にします。

つまり、「static」の修飾子をつけません。

【リスト3-23】メソッド「describeAge」の定義

```
public String describeAge(HistoryPerson p){

  String description=p.getName()+"は";

  if(this.compareYear < p.getBornYear()){
    description+="まだ生まれていませんでした";
  }
  else if(this.compareYear > p.getDeadYear()){
    description+="もうこの世にいませんでした";
  }
  else{
    description +=
    this.compareYear-p.getBornYear()
    +"歳でした";
  }

  return description;
}
```

引数「p」を取り、「this」と表記していたところを「p」に変更するのは、**リスト3-15やリスト3-16**と同じです。

そして無事、引数「year」はなくなり、「HistoryPersonDescriber」のフィールドとして書かれます。「this.compareYear」です。

■メソッド「describeByAge」の書き換え

●「HistoryPersonDescriber」をオブジェクトにする

インスタンス・メソッドとなったdescribeAgeは、クラス「HistoryPersonSort」の中で用います。

そのために、「HistoryPersonSort」の定義の中で、クラス「HistoryPersonDescriber」のオブジェクトを作ります。

その過程で、引数「compareYear」に「1560」を与えます。

【リスト3-24】「HistoryPersonDescriber」のオブジェクト

```
HistoryPersonDescriber okhzmDescriber =
 new HistoryPersonDescriber(1560);
```

メソッド「describeAge」はオブジェクト「okhzmDescriber」に呼び出されることになるので、ラムダ式はようやく**リスト3-25**のように、変数「p」がメソッドの引数になる、というだけの構造になりました。

【リスト 3-25】オブジェクトが呼び出すメソッドを用いるラムダ式

```
(p)->okhzmDescriber.describeName(p)
```

そこで、「メソッド参照」が使えます。

リスト3-26に示すこれが、「インスタンス・メソッド」すなわち「オブジェクトが呼び出すメソッド」を用いる、「メソッド参照」です。

【リスト3-26】オブジェクトが呼び出すメソッドを用いる「メソッド参照」

```
okhzmDescriber::describeName
```

■プログラムの完成

では、「historypersonsort_methodref」パッケージの元のソース・ファイルの書き方を示します。

●HistoryPerson.java

「HistoryPerson」の「インスタンス・メソッド」として定義していた「describePerson」「describeCastle」「describeAge」が不要になります。

でも、残しておいてもバッティングはしないので、消してファイルを簡潔にしても、残しておいてもかまいません。

●HistoryPersonCompareProvider.java

リスト3-7、**リスト3-9**に示してあります。

●HistoryPersonDescriber.java

なかなかの変更になりました。**リスト3-27**に示します。

【リスト3-27】「HistoryPersonDescriber.java」全文

```
package historypersonsort_methodref;

public class HistoryPersonDescriber {
  public int compareYear;

  public HistoryPersonDescriber(int year){
    this.compareYear= year;
  }

  //読みがなによる並べ替えの結果を表示
  public static String describePerson (HistoryPerson p){
    return p.getName()+" "+p.getBornYear()
    +"-"+p.getDeadYear();
  }

  //居城の緯度による並べ替えの結果を表示
  public static String describeCastle
  (HistoryPerson p){
    return p.getName()+"が居城とした"+
    p.getCastleName();
  }

  //生年による並べ替えの結果を表示
  public String describeAge(HistoryPerson p){

    String description=p.getName()+"は";

    if (this.compareYear < p.getBornYear()){
      description+="まだ生まれていませんでした";
    }
    else if (this.compareYear > p.getDeadYear()){
      description+="もうこの世にいませんでした";
    }
```

```
    else{
      description +=
      this.compareYear-p.getBornYear()
      +"歳でした";
    }

    return description;
  }

}
```

●HistoryPersonSort.java

ラムダ式はすべて「メソッド参照」になります。リスト3-28の通りです。

【リスト3-28】「HistoryPersonSort.java」全文

```
package historypersonsort_methodref;

import java.util.Collections;
import java.util.Comparator;
import java.util.List;

public class HistoryPersonSort {

  interface Description{
    public String getString(HistoryPerson p);
  }

  public static void main(String[] args) {

    List<HistoryPerson> people =
    HistoryPerson.listPeople();

    HistoryPersonDescriber okhzmDescriber =
    new HistoryPersonDescriber(1560);
```

```
    Comparator<HistoryPerson> c =
    HistoryPersonCompareProvider::compareByName;

    Description d =
    HistoryPersonDescriber::describePerson;

    if(args.length > 0){
      switch(args[0]){
        case "castle":
        c=HistoryPersonCompareProvider
        ::compareByLatitude;
        d= HistoryPersonDescriber::describeCastle;
        break;

        case "age":
        c=HistoryPersonCompareProvider
        ::compareByBornYear;
        d= okhzmDescriber::describeAge;
        break;

        default:
        break;
      }
    }

    Collections.sort(people,c);
    for(HistoryPerson p:people){
      System.out.println(d.getString(p));
    }
  }
}
```

※パッケージ「historypersonsort_methodref」における各ソース・ファイルは、本書サンプルプログラムの「sample/chap3」フォルダに収録してあります。

＊

クラス「historypersonsort_methodref.HistoryPersonSort」を実行して、各コマンド引数において**第2章**と同じ結果が表示されることを確認してください。

【実行例3-1】コマンド引数「age」で実行する例

```
java -cp . historypersonsort_methodref.HistoryPersonSort age
```

＊

けっこう苦労はしましたが、「関数的」なメソッド参照の利用を目的にプログラムを書き直したところ、「CompareProvider」や「Describer」など、データを扱うための機能をデータのクラス(HistoryPerson)から切り離して別の「オブジェクト」にできました。

これで、より「エンタープライズ」な性質のプログラムになったと思います。

3-5 インターフェイスの「デフォルト・メソッド」

■ラムダ式とともに登場

「インターフェイス」はもともと、「抽象メソッド」だけを定義するものでした。

「抽象メソッド」と「実装されたメソッド」をともに定義するには、「抽象クラス」を使って、その「継承」において実装を行ないます。

しかし、「ラムダ式」の登場とともに、インターフェイスでも実装されたメソッドを定義できるようになりました。それが「デフォルト・メソッド」です。

なぜなら、ラムダ式は「関数型インターフェイス」、すなわちひとつの抽象メソッドのみ定義されたインターフェイスがなければ書けません。

そこで生じる使用上の制限を、「デフォルト・メソッド」が解決してくれます。

＊

では、ラムダ式の作成における「デフォルト・メソッド」の利用例を、以下に紹介します。

■補助的なメソッドをつける

●「デフォルト・メソッド」の定義

リスト3-29は、図形を記述するためのインターフェイス「ShapeDrawer」です。

【リスト3-29】インターフェイス「ShapeDrawer」

```
package shapedrawer;

@FunctionalInterface
public interface ShapeDrawer {

  public String drawShape(double n1, double n2 );

  public default double toInches(double cm){
    return cm/s2.54;
  }

  public default double toCentis(double inch){
    return inch*2.54;
  }
}
```

ラムダ式として実装するのは、メソッド「drawShape」です。
引数が2つの「double型」で、戻り値が「文字列型」です。

それに加えて、センチとインチを換算するメソッドを「デフォルト・メソッド」として定義します。

「デフォルト・メソッド」が許されなければ、インターフェイスを実装した特定のクラスで実装するか、別途補助的なクラスを作って使わなければなりません。
しかし、「デフォルト・メソッド」のおかげで、「ShapeDrawer」を実装したラムダ式から、たとえば「toInches」メソッドを呼び出せます。

●ラムダ式

ラムダ式の作り方は、これまで学んだことと変わりません。

たとえば、**リスト3-30**は、**リスト3-29**のメソッド「drawShape」を実装した2通りのラムダ式です。

「->」の左側が2つの変数、右側が文字列です。

【リスト3-30】メソッド「drawShape」を実装したラムダ式

```
ShapeDrawer japaneseRect =
 (w,d)->"横は"+w+"cmで、縦は"+d+"cmです";

ShapeDrawer americanRect=
 (w,d)->String.format(
   "Width: %.2f inches and Height: %.2f inches",
   w,d);
```

2つのラムダ式のいずれも、「w」と「d」に「センチの値」を入力して使います。

ただし、「americanRect」のほうは、センチをインチに換算して出力することを想定しています。

あくまで「想定」であって、換算処理はメソッドの定義には含まれていません。

「想定」というのは「換算において端数が出るだろう」という想定です。

そのため、メソッド「String.format」を用いて、小数第2位までを表記した文字列を得るように定義してあるのです。

●「デフォルト・メソッド」の使用

このプログラムで、「デフォルト・メソッド」が使われるのは、ラムダ式に引数が渡されるときです。

リスト3-31を見てください。

ラムダ式「americanRect」はメソッド「drawShape」を呼び出します。

そのとき、2つの引数に渡す引数は、それぞれ「americanRect」自身が呼び出した「デフォルト・メソッド」の「toInches」を直接使った結果です。

【リスト3-31】「americanRect」で直接「デフォルト・メソッド」を用いる

```
System.out.println(
 americanRect.drawShape( //実装したdrawShapeを呼び出す
 americanRect.toInches(24.5), //w
 americanRect.toInches(39.7)) //d
);
```

※リスト3-31の数値は「24.5」と「39.7」という小数です。「24,5」「39, 7」という2つずつの引数ではありません。
　どちらも単位はセンチで、メソッド「toInches」によってインチに変換されます。

●実行クラス「ShapeDrawerImple」を定義

インターフェイス「ShapeDrawer」と同じパッケージ「shapedrawer」のもとに、**リスト3-32**のように実行クラスのソース・ファイル「ShapeDrawerImpl.java」を書きましょう。

【リスト3-32】ShapeDrawerImpl.java

```
package shapedrawer;

public class ShapeDrawerImpl{

  public static void main(String[] args) {

    ShapeDrawer japaneseRect =
    (w,d)->"横は"+w+"cmで、縦は"+d+"cmです";

    ShapeDrawer americanRect =
    (w,d)->String.format(
    "Width: %.2f inches and Height: %.2f inches",
    w,d);

    System.out.println(
    japaneseRect.drawShape(24.5, 39.7));

    System.out.println(americanRect.drawShape(
```

```
    americanRect.toInches(24.5),
    americanRect.toInches(39.7))
    );
  }
}
```

※「ShapeDrawer.java」「ShapeDrawerImpl.java」は、本書サンプルプログラムの「sample/chap3」フォルダに収録してあります。
1つのアプリケーションとして実行できるように、同じパッケージ・フォルダ「shapedrawer」に入っています。

＊

クラス「shapedrawer.ShapeDrawerImpl」を実行しましょう。コマンド引数はとりません。

【実行例3-2】クラス「ShapeDrawerImpl」の実行

```
java -cp . shapedrawer.ShapeDrawerImpl
```

【実行例3-3】「実行例3-2」の実行結果

```
横は24.5cmで、縦は39.7cmです
Width: 9.65 inches and Height: 15.63 inches.
```

■複数の「抽象メソッド」を1つに

「デフォルト・メソッド」は、複数の「抽象メソッド」が定義されているインターフェイスから、メソッドを1つに絞ったインターフェイスを作るのにも使えます。

＊

複数の「抽象メソッド」のあるインターフェイスからラムダ式を作ることはできません。

これは、「関数インターフェイス」ではないからです。

たとえば、**リスト3-33**のインターフェイス「AnotherShapeDrawer」では、2つのメソッドを定義しています。

【リスト3-33】AnotherShapeDrawer.java

```
package anothershapedrawer;

public interface AnotherShapeDrawer {

  public String drawShape(int n1, int n2 );
  public String drawRegularShape(int a);

}
```

このようなインターフェイスを実装するクラスは、メソッドを2つとも実装しなければなりません。とすると、直接ラムダ式を作れません。

そこで、「AnotherShapeDrawer」を継承したインターフェイスを作ります。
その中で、片方を「デフォルト・メソッド」として、形式的に実装します。

*

たとえば、「AnotherShapeDrawer」の2つのメソッドのうち、「drawRegularShape」を与えるラムダ式を作りたいとします。

それには、「AnotherShapeDrawer」を継承したインターフェイス「RegularShapeDrawer」を作り、「使わないほうのメソッド」である「drawShape」を「デフォルト・メソッド」として実装します。
そして、「null」を返すなど、形式的に中身を書いておきます。

【リスト3-34】「AnotherShapeDrawer」を継承するインターフェイス

```
interface RegularShapeDrawer
extends AnotherShapeDrawer{

  //使いたくないほうのメソッド
  public default String drawShape(int n1,int n2){
    return null;
  }
}
```

これで、「RegularShapeDrawer」を実装するラムダ式が書けます。

【リスト3-35】「RegularShapeDrawer」を実装するラムダ式

```
RegularShapeDrawer drawer = (a)->"半径が"+a+"cmの円です";
```

リスト3-34とリスト3-35を実際に書いた実行クラス「AnotherShapeDrawerImpl.java」を、リスト3-36に示します。

【リスト3-36】AnotherShapeDrawerImpl.java

```
package anothershapedrawer;

public class AnotherShapeDrawerImpl {

  interface RegularShapeDrawer
  extends AnotherShapeDrawer{
    public default String drawShape(int n1,int n2){
      return null;
    }
  }

  public static void main(String[] args) {

    RegularShapeDrawer drawer =
     (a)->"半径が"+a+"cmの円です";

    System.out.println(drawer.drawRegularShape(50));
  }
}
```

【実行例3-4】「anothershapedrawer.AnotherShapeDrawerImpl」の実行結果

```
半径が50cmの円です
```

※「AnotherShapeDrawer.java」「AnotherShapeDrawerImpl.java」は本書サンプルプログラムの「sample/chap3」フォルダに収録してあります。
　1つのアプリケーションとして実行できるように、同じパッケージ・フォルダ「anothershapedrawer」に入っています。

*

以上、ラムダ式を便利に使うための新しい記法を学びました。
以後の解説の中でも、ときどき使っていきます。

MEMO

第4章

「イベントの実装」と「ラムダ式」

「無名クラスのオブジェクト」が用いられる顕著な例に、「GUIアプリケーションなどのイベント処理」があります。
これまで学んできたのと同じ方法で、「イベント」の内容をラムダ式で記述できます。
GUIアプリケーションについては、「Swing」と「JavaFX」について解説します。

4-1 「Swing」の場合

■GUIアプリの起動

「Swing」で記述するGUIプログラムのどこにラムダ式が使えるか、最初からプログラムを書いて確かめましょう。

ここで書くGUIプログラムは記述が多くなりますが、本書ではGUIの書き方そのものについては、説明を控えます。

ラムダ式にのみ注目して、他は深く考えずにそのまま打ってみてください。

そのために、プログラムには最低限動くだけの記述をしてあります。

●従来の書き方

まず、「ウィンドウ枠」を1つ表示させるだけのSwingプログラム「SwingOne.java」です。

ラムダ式を使わずに書いてみましょう。

【リスト4-1】SwingOne.java

```
package swingone;

import javax.swing.JComponent;
import javax.swing.JFrame;
import javax.swing.JPanel;

//オブジェクトは「パネル」になる
public class SwingOne extends JPanel {

  //GUIを描画する基本のメソッド
  public static void buildApp(){

    //オブジェクトを載せる「フレーム」
    JFrame frame = new JFrame("SwingOne");
    frame.setDefaultCloseOperation(JFrame.EXIT_ON_CLOSE);
```

```
    JComponent myPane = new SwingOne();
    frame.setContentPane(myPane);
    frame.pack();
    frame.setVisible(true);
  }

  //最近のmainメソッド
  public static void main(String[] args) {
    javax.swing.SwingUtilities.invokeLater(
    new Runnable(){
      public void run(){
        buildApp();
      }
    }
    );
  }
}
```

●「Runnable」とくれば、「ラムダ式」

「Swingを久しぶりにやった」という人は、メソッド「main」の内容を不思議に思うかもしれません。

最近の「Swingアプリ」は、ユーザーの操作を妨げないように、「ウィンドウを(再)描画する動作」を、「イベント処理の操作」に対して遅くします。

そこで、スレッド管理の関係で「Runnable」が使われているのです。

*

本書で注目するのは、スレッドの仕組みよりもそこで使われている「Runnable」です。

「Runnableを実装した無名クラスのオブジェクト」をラムダ式で書くことは、本書の最初に行ないました。

そこで、ここでもラムダ式に書き換えてみようと思います。

「Runnable」のメソッド「run」の中身は、**リスト4-2**です。

【リスト4-2】「Runnable」のメソッド「run」の中身

```
buildApp();
```

メソッド「buildApp」だけが呼ばれています。
引数は「空」です。とすると、「空」から「引数が空のメソッド」への関数になります。

【リスト4-3】ラムダ式メソッドを呼ぶ

```
()->buildApp()
```

●「メソッド参照」で書ける「アプリの起動」

リスト4-3は、「空」という引数がそのまま、メソッドの引数に渡されています。
すなわち、「メソッド参照」で書けます。

「メソッド参照」では、

クラス名またはオブジェクト名::メソッド名

という書き方をします。

そこで、**リスト4-1**でメソッド「buildApp」の宣言を見てください。「static」の修飾子があります。

【リスト4-4】メソッド「buildApp」の宣言

```
public static void buildApp()
```

「静的メソッド」なので、「クラス名」とともに用いられます。
「メソッド参照」は、**リスト4-5**になります。

【リスト4-5】「リスト4-4」を「メソッド参照」で書く

```
SwingOne::buildApp
```

●ラムダ式への書き換え

そこで、**リスト4-1**のメソッド「main」を、**リスト4-6**のように書き換えます。

【リスト4-6】メソッド「main」を「メソッド参照」で書き換える

```
public static void main(String[] args) {
  javax.swing.SwingUtilities.invokeLater(
   SwingOne::buildApp
  );
}
```

リスト4-1と比べて簡単になりましたね。

特に「括弧」が何段にも入り組んでいたのが、スッキリしました

＊

リスト4-6のように書き換えたら、クラス「SwingOne」を実行してみましょう。

すると、画面の左上の隅に小さなウィンドウが現われます。

中身はなく、ウィンドウのタイトルすらまともに見えないと思いますが、ラムダ式を「Swingアプリ」に使うことができました。

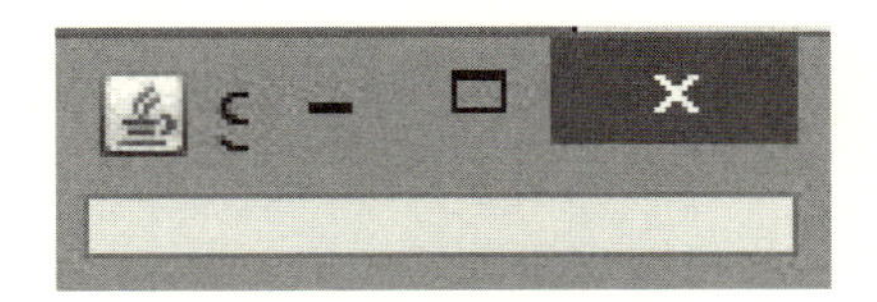

図4-1　最も簡単なSwingアプリケーション

■ボタンクリックのイベント

●「ActionListener」を実装するラムダ式

「テキストフィールドに名前を入力してボタンをクリックすると、ラベルにHelloつきで表示される」というイベントを考えます。

＊

「SwingOne.java」に記述を加えましょう。

記述はすべて、メソッド「buildApp」に書きます。

「ボタンをクリックすると……」がイベント処理ですが、そこをまずラムダ式を使

わない書き方で考えます。

【リスト4-7】ボタンをクリックするイベント(従来の書き方)

```
JLabel outputLabel = new JLabel("こんにちは");
JTextField nameField = new JTextField();
JButton sendButton = new JButton("確定");
sendButton.addActionListener(
 new ActionListener(){
   @Override
   public void actionPerformed(ActionEvent e) {
     outputLabel.setText(
     "こんにちは"+nameField.getText()+"さん");
   }
 }
);
```

白枠で示した部分が、インターフェイス「ActionListener」を実装した、無名クラスのオブジェクトです。

これをラムダ式で書くと、**リスト4-8**になります。

【リスト4-8】ラムダ式でイベントを記述

```
sendButton.addActionListener(
 (e)->{
   outputLabel.setText(
   "こんにちは"+nameField.getText()+"さん");
 }
);
```

●使われない引数

リスト4-8のラムダ式で、指定の引数「e」は、ラムダ式の「->」より右側の項では使われていません。

それでも、実装すべきメソッド「actionPerformed」が引数を取るので、それに合わせて何らかの名前の引数を置きます。

●GUIアプリケーションの全文

リスト4-8を使ってGUIアプリケーションを書いてみましょう。

GUIに関する記述ばかり多くなりますが、最近はあまりGUIを書く機会もないと思います。せっかくですから、すべて書いてみてください。

図4-1への書き足しは、「コンストラクタ」です。

自分が「JPanel」を継承しているので、自分自身のコンストラクタで細かい部品を配置します。

【リスト4-9】書き加えた「SwingOne.java」全文

```
package swingone;

import java.awt.Dimension;
import java.awt.Font;
import java.awt.GridBagConstraints;
import java.awt.GridBagLayout;
import java.awt.Insets;
import javax.swing.JButton;
import javax.swing.JComponent;
import javax.swing.JFrame;
import javax.swing.JLabel;
import javax.swing.JPanel;
import javax.swing.JTextField;

public class SwingOne extends JPanel {

  public JLabel titleLabel;
  public JLabel nameLabel;
  public JLabel outputLabel;
  public JTextField nameField;
  public JButton sendButton;

  /**
  * JPanelを作成
```

```
* 体裁を整えるのにGridBagLayoutを用いている
*/
public SwingOne(){
  super(new GridBagLayout());
  setPreferredSize(new Dimension(300,250));

  GridBagConstraints cstr = new GridBagConstraints();

  titleLabel = new JLabel("名前を入力してください");
  titleLabel.setFont(
  new Font(Font.SANS_SERIF, Font.PLAIN, 20));

  cstr.gridx=0;
  cstr.gridy=0;
  cstr.insets=new Insets(10,10,0,10);
  cstr.gridwidth=3;
  add(titleLabel,cstr);

  nameLabel = new JLabel("Name: ");
  cstr.gridx=0;
  cstr.gridy=1;
  cstr.insets=new Insets(10,10,0,5);
  cstr.gridwidth=1;
  add(nameLabel, cstr);

  nameField = new JTextField();

  cstr.gridx = 1;
  cstr.gridy = 1;
  cstr.gridwidth=2;
  cstr.insets=new Insets(10,0,0,10);
  cstr.fill=GridBagConstraints.HORIZONTAL;
  add(nameField,cstr);
```

```
    //ここがボタンとクリックイベント
    sendButton = new JButton("確定");
    sendButton.addActionListener(
    (e)->{
      outputLabel.setText(
      "こんにちは"+nameField.getText()+"さん");
    }
    );

    cstr.gridx = 1;
    cstr.gridy = 2;
    cstr.insets=new Insets(0,10,0,10);
    cstr.anchor = GridBagConstraints.EAST;
    cstr.fill=GridBagConstraints.NONE;
    add(sendButton, cstr);

    outputLabel = new JLabel("こんにちは");

    cstr.gridx = 0;
    cstr.gridy = 3;
    cstr.gridwidth=3;
    cstr.insets=new Insets(10,10,10,10);
    cstr.anchor = GridBagConstraints.CENTER;
    add(outputLabel, cstr);
  }

  //ここからは前のまま
  public static void buildApp(){
    JFrame frame = new JFrame("SwingOne");
    frame.setDefaultCloseOperation(JFrame.EXIT_ON_CLOSE);

    JComponent myPane = new SwingOne();
    frame.setContentPane(myPane);
    frame.pack();
```

```
    frame.setVisible(true);
  }

  public static void main(String[] args) {
    javax.swing.SwingUtilities.invokeLater(
    SwingOne::buildApp
    );
  }
}
```

※「SwingOne.java」は本書サンプルプログラムの「sample/chap4」フォルダに収録してあります。

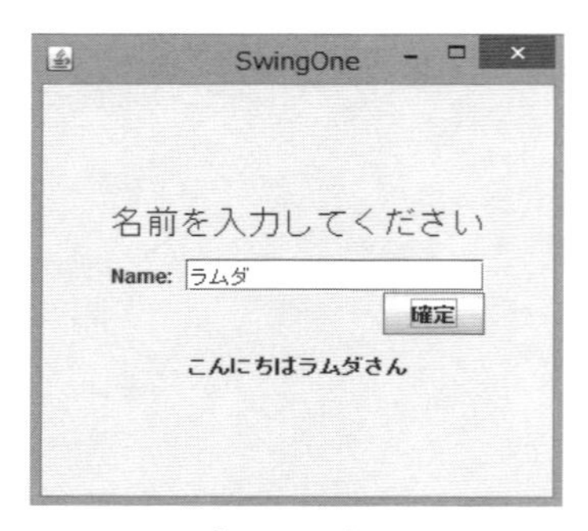

図4-2 「リスト4-9」の実行結果

●「ActionEvent」のインポートが不要に

リスト4-9で注目すべきは、プログラム中に「java.awt.event.ActionEvent」のインポートが不要になったことです。

これは、ラムダ式に置き換えることで、引数に「ActionEvent」の型を宣言する記述が不要になったためです。

【リスト4-10】ここがなくなった

```
public void actionPerformed( ActionEvent e ) {
```

いま書いたクラス「SwingOne」のイベントでは、この引数「e」は、処理の記述の中ではまったく使いませんでした。

でも、従来の書き方では、とにかく引数として出した以上「型の宣言」は必要ですし、クラス名を出した以上インポートの宣言も必要でした。

そうした形式的な記述が、ラムダ式によって簡略化されたのです。

■プロパティが変化するイベント

●「プログレス・バー」が動くのもイベント処理

「プログレス・バー」が動くのは、何か適当な変数の値が増加（減少）するたびにバーの長さが変わるからです。

Swingアプリケーションでは、この「何かの値が変わる」のを、「イベントリスナー」（PropertyChangeListener）で検知します。

このイベント処理をラムダ式で書いてみましょう。

＊

ただし、ボタンクリックのイベントほど簡単ではありません。

Swingアプリケーションでは、「プログレス・バー」などの「随時値の変わる処理」は、バックグラウンドのスレッドにします。

そのため、「SwingWorker」というクラスの「サブクラス」で記述します。（「インターフェイス」ではなく「サブクラス」なので、残念ながら「SwingWorker」の記述にラムダ式は使えません）。

＊

「SwingWorkerのサブクラス」のオブジェクトがもつプロパティ「progress」の変化を検知するのが、「PropertyChangeListener」です。

「SwingWorkerのサブクラス」のオブジェクトが「task」という名前だとすると、これに「PropertyChangeListener」を付与するには、ラムダ式で**リスト4-11**のように書きます。

【リスト4-11】「PropertyChangeListener」の記述に使うラムダ式

```
task.addPropertyChangeListener(
  (e)->{ プログレス・バーを伸ばす処理 }
);
```

●「ボタン」を押したら「プログレス・バー」が動く

「ボタン」を押したら「プログレス・バー」が動くことにすると、面白い記述になります。

「ActionListenerを用いたイベント処理」がさらに「PropertyChangeListenerを用いたイベント処理」を呼び出すことになるので、**リスト4-12**のようにラムダ式が「入れ子」になるのです。

【リスト4-12】「入れ子」になったラムダ式

```
startButton.addActionListener(
 (ae)->{
    task.addPropertyChangeListener(
     (pe)->{プログレス・バーが動く処理}
    );
    task.execute();
  }
);
```

ラムダ式で簡単になったとはいっても、引数の区別は必要です。

つまり**リスト4-12**において、「ActionEvent」を暗示する引数名「ae」と、「PropertyChangeEvent」を暗示する引数名「pe」は、別の引数名にしなければなりません。

●「プログレス・バー」の代わりに「テキスト表示」で

「プログレス・バー」を表示させなくとも、整数値を「テキスト」に表示させれば、仕組みは同じで表示は簡単になります。

ボタンをクリックすると、パネルに表示された数値が増えていくプログラムになります。

それが、**リスト4-13**の「SwingTwo.java」です。

「SwingWorker」などの意味は気にしないでとにかくそのまま書き、ラムダ式のところだけ注意してください。

【リスト4-13】SwingTwo.java

```
package swingtwo;

import java.awt.*;
import javax.swing.*;

public class SwingTwo extends JPanel {
  private JButton startButton;
  private JLabel taskOutput;
  private Task task;

  //バックグラウンド処理。とにかくそのまま書く
  class Task extends SwingWorker<Void, Void>{

    @Override
    protected Void doInBackground()  {
      int progress=0;
      setProgress(0);

      while(progress < 10){
        try{
          Thread.sleep(1000);
        }
        catch(InterruptedException ignore){}
        progress++;
        setProgress(progress<10?progress:10);
      }
      return null;
    }

    @Override
    public void done(){
      startButton.setEnabled(true);
    }
```

```
  }

  public SwingTwo(){
    super(new BorderLayout());
    startButton = new JButton("Start");

    startButton.addActionListener(
    ae->{
      startButton.setEnabled(false);
      task = new Task();
      task.addPropertyChangeListener(
      pe->{
        if(
        "progress" == pe.getPropertyName()){
          taskOutput.setText((
          pe.getNewValue()).toString());
        }
      }
    );
    task.execute();
  }
  );

  taskOutput = new JLabel("0");

  JPanel panel = new JPanel();
  panel.setLayout(new GridLayout(1,2,10,0));
  panel.add(startButton);
  panel.add(taskOutput);

  add(panel, BorderLayout.CENTER);
  }

  private static void buildApp(){
```

```
    JFrame frame = new JFrame("SwingTwo");
    frame.setDefaultCloseOperation(
    JFrame.EXIT_ON_CLOSE);
    JComponent newContentPane = new SwingTwo();
    newContentPane.setOpaque(true);
    frame.setContentPane(newContentPane);
    frame.pack();
    frame.setVisible(true);
  }

  public static void main(String[] args) {
    javax.swing.SwingUtilities.invokeLater(
    SwingTwo::buildApp
    );
  }
}
```

※「SwingTwo.java」は本書サンプルプログラムの「sample/chap4」フォルダに収録してあります。

「swingtwo.SwingTwo」では、ボタンをクリックすると数値が「0」から「10」まで1秒刻みに増加して、「10」で止まります。

数値が変化している間は、ボタンは無効ですが、「10」で止まると有効に戻ります。

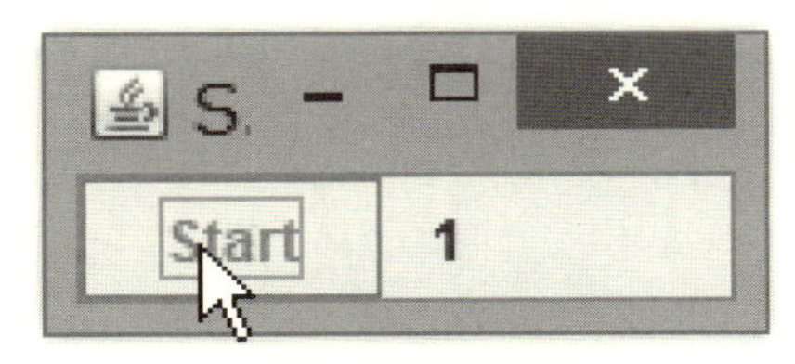

図4-3　ボタンを押すと数値が変化

4-2　「JavaFX」の場合

■ラムダ式以前の変更も

「JavaFX」では、「Swing」より簡単になった記述法がいくつかあります。

たとえば、**リスト4-1**などに示したアプリケーションの起動法は、すでに簡単化されています。

そこで、「JavaFX」でも、ラムダ式で簡単になる表記のみを紹介します。

■クリックしたときの動作

●ラムダ式以前の「JavaFX」

クリックしたときの動作は、「JavaFX」でもラムダ式なしでは、それなりに面倒です。**リスト4-14**のような書き方をします。

【リスト4-14】ラムダ式以前のクリックイベント

```
Button btn = new Button();
btn.setText("Click");

btn.setOnAction(
 new EventHandler<ActionEvent>(){
   @Override
   public void handle(ActionEvent e){
     outlbl.setText("こんにちは"+inputField.getText()+"さん");
   }
 }
);
```

なお、「JavaFX」は新しい仕様につき、まだ日本語の文字表示にエラーを生じることもあるので、**リスト4-14**では念のため「英字」を使っています。

●ラムダ式に置き換え

リスト4-14で白枠で示した部分をラムダ式に置き換えると、**リスト4-15**のようになります。

【リスト4-15】JavaFX中でラムダ式

```
(e)->outlbl.setText("Hello "+ inputField.getText())
```

●アプリの全文

リスト4-16は、前節の**リスト4-9**の「SwingOne.java完成版」をJavaFXで表現した、「JavaFXone.java」です。ただし、「JavaFX」では「Swing」よりも柔軟な位置調整ができるので、1対1の相関ではありません。

一方、日本語の表示に問題があるかもしれないので、文字列には「英字」を使っています。

＊

「JavaFX」の細かい書き方は気にせず、そのまま書いてください。

重要なのは、ボタンをクリックしたときの動作です。**リスト4-15**に示したラムダ式で書いています。

【リスト4-16】JavaFXone.java

```
package javafxone;

import javafx.application.Application;
import javafx.geometry.HPos;
import javafx.geometry.Insets;
import javafx.geometry.Pos;
import javafx.scene.Scene;
import javafx.scene.control.Button;
import javafx.scene.control.Label;
import javafx.scene.control.TextField;
import javafx.scene.layout.GridPane;
import javafx.scene.layout.HBox;
import javafx.scene.text.Font;
import javafx.scene.text.Text;
import javafx.stage.Stage;

public class JavaFXone extends Application {

  Text title;
```

```
Label lbl;
Label outlbl;
TextField inputField;
Button btn;

@Override
public void start(Stage primaryStage) {
  GridPane grid = new GridPane();
  grid.setAlignment(Pos.CENTER);
  grid.setHgap(5);
  grid.setVgap(15);
  grid.setPadding(new Insets(10, 10, 10, 25));

  Scene scene = new Scene(grid, 300, 250);
  primaryStage.setScene(scene);

  title = new Text("Input the Name");
  title.setFont(new Font(20));
  grid.add(title, 0, 0);

  lbl = new Label("Name");
  inputField = new TextField();

  HBox fieldBox = new HBox(5);
  fieldBox.getChildren().addAll(lbl, inputField);
  grid.add(fieldBox, 0, 1);

  btn = new Button();
  btn.setText("Click");
  btn.setOnAction(
  (e)->outlbl.setText("Hello "+ inputField.getText())
  );
  grid.add(btn, 0, 2);
```

```
    GridPane.setHalignment(btn, HPos.RIGHT);

    outlbl = new Label();
    outlbl.setFont(new Font(16));
    outlbl.setText("Hello");
    grid.add(outlbl, 0, 3);
    GridPane.setHalignment(outlbl, HPos.CENTER);

    primaryStage.show();

  }

  //アプリケーションの起動は、すでに簡単
  public static void main(String[] args){
    launch(args);
  }

}
```

※「JavaFXone.java」は本書サンプルプログラムの「sample/chap4」フォルダに収録してあります。

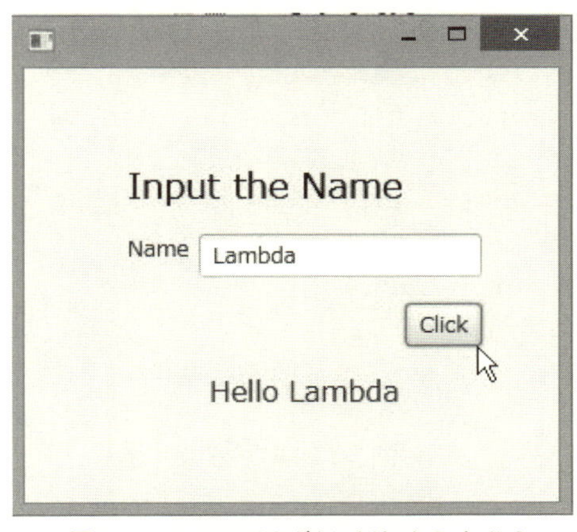

図4-4　JavaFXでのボタンクリックのイベント

■「PropertyChangeListener」は不要

「Swing」で使っていた「PropertyChangeListener」は、「JavaFX」では使わなくなりました。

プロパティ同士は「bind」というメソッドで、相手の変化を検知できるのです。

そのため、「プログレス・バー」や、それに似た仕組みを記述するのに、ラムダ式も不要です。

「本当に?」という疑問のために、前節**リスト4-13**の「SwingTwo.java」を「JavaFX」で書いた「JavaFXtwo.java」を、**リスト4-17**に示します。

ラムダ式は、ボタンを押して処理を始めるところだけです。

【リスト4-17】JavaFXtwo.java

```
package javafxtwo;

import javafx.application.Application;
import javafx.geometry.Insets;
import javafx.geometry.Pos;
import javafx.scene.Scene;
import javafx.scene.control.Button;
import javafx.scene.control.Label;
import javafx.scene.layout.GridPane;
import javafx.scene.text.Font;
import javafx.stage.Stage;
import javafx.concurrent.Task;

public class JavaFXtwo extends Application {
  GridPane grid = new GridPane();
  Button btn = new Button();


  @Override
  public void start(Stage primaryStage) {

    //バックグラウンド処理
    Task task = new Task<Void>(){
```

```
        @Override
        public Void call(){
          for(int i=0; i< 10; i++){
            if(isCancelled()){ break; }
            updateProgress(i, 10);
            updateMessage(Integer.toString(i));

            try{ Thread.sleep(1000); }
          catch(InterruptedException ignore){}
        }
        return null;
      }
      @Override
      public void succeeded(){
        updateMessage("10");
        btn.setDisable(false);
      }
    };

    grid.setAlignment(Pos.CENTER);
    grid.setHgap(20);
    grid.setVgap(15);
    grid.setPadding(new Insets(5, 5, 5, 5));

    Scene scene = new Scene(grid, 200, 50);
    primaryStage.setScene(scene);

    Label outlbl = new Label("0");
    outlbl.setFont(new Font(16));

    btn.setText("Start");

    //ここだけラムダ式
    btn.setOnAction((e)->{

      btn.setDisable(true);
```

```
    new Thread(task).start();

    //メソッドbindを書けばすむ
    outlbl.textProperty().bind(
    task.messageProperty());

  });

  grid.add(btn, 0, 1);
  grid.add(outlbl, 1, 1);

  primaryStage.show();

  }
  public static void main(String[] args){
    launch(args);
  }
}
```

※「JavaFXtwo.java」は本書サンプルプログラムの「sample/chap4」フォルダに収録してあります。

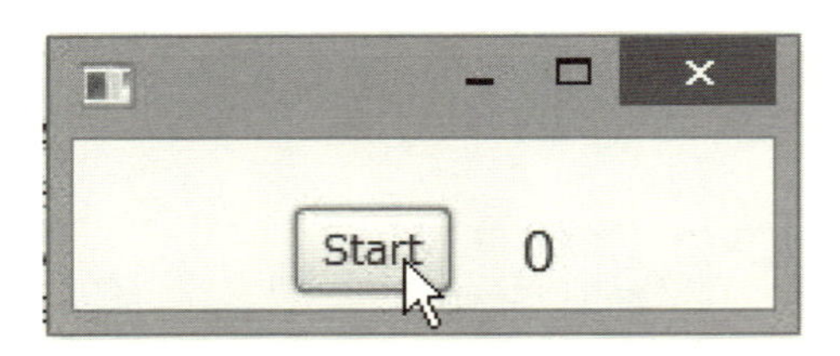

図4-5　JavaFXでのバックグラウンド処理

＊

「GUIアプリケーション」を多く書いている人は、「あの面倒で形式的な表記が要らなくなったのか」と思い当たることが多いと思います。

ラムダ式に置き換えることはできないか、ピンときたら、果敢に挑戦してみましょう。

「Function」とその仲間

ラムダ式は「メソッドを1つ定義したインターフェイス」（関数型インターフェイス）があれば書くことができます。これまでは、自分で定義してきましたが、本章では、「Function」をはじめとした、ラムダ式の実装に利用できる共通のインターフェイスを使ってみましょう。

5-1 インターフェイス「Function」

■「Function」の正体

●「Function」を使ったプログラム

インターフェイス「Function」を使って、簡単なプログラムを書いてみましょう。
これは、「apply」というメソッドを実装します。

*

考え方は、前章までとまったく変わりません。
まず、「無名クラス」で実装したオブジェクトで書きます。

【リスト5-1】インターフェイス「Function」を無名クラスで実装

```
package functiontest;

import java.util.function.Function;

public class FunctionTest {

  public static void main(String[] args) {

    Integer intg = 3;

    if(args.length > 0){
      //この後に他の記述も試していく
    }
    else{     //コマンド引数のない場合
      Function<Integer, Integer> twice =
      new Function<Integer, Integer>(){

        @Override
        public Integer apply(Integer a){
          return  a*2;
        }

```

```
      };

      System.out.println(intg + "の2倍は"
      +twice.apply(intg));
    }
  }
}
```

「FunctionText.java」には、このあといろいろな「Function」の使い方を書き足していき、コマンド引数で処理を切り替えて実行する予定です。

リスト5-1には、コマンド引数がないときに実行する処理のみが書かれています。

●「Function」の旧式な実装

リスト5-1中の**リスト5-2**の部分が、「Function」を実装した無名クラスのオブジェクトです。変数名は「twice」です。

【リスト5-2】「Function」の実装

```
Function<Integer, Integer> twice =
new Function<Integer, Integer>(){

  @Override
  public Integer apply(Integer a){
    return  a*2;
  }

};
```

●「Function」のデータタイプを指定

「Funtion」は「ジェネリック型」のインターフェイスで、扱うデータタイプを指定して使います。

一般的には、**リスト5-3**のような形を取ります。

【リスト5-3】「Function」が扱うデータタイプの指定

```
Function<引数のデータ型， 戻り値のデータ型>
```

通常メソッドでデータタイプを指定するときは「戻り値、メソッド名、括弧の中に引数」の順に書くのに対し、「Function」が指定する順序は逆なので間違えないようにしましょう。

リスト5-2では、引数と戻り値を、いずれも「Integer」に指定したので、実装するメソッド「apply」の引数と戻り値も、それぞれ「Integer」で定義します。

【リスト5-4】「リスト5-2」におけるメソッド「apply」の定義

```
public Integer apply(Integer a){
  return  a*2;
}
```

「ジェネリック型」のデータには、「プリミティブ型」の「int」は使えないので、**リスト5-4**に代入する変数は「Integer型」で定義しています。**リスト5-5**に示す変数「intg」です。

しかし、代入する値として、数値「3」を直接記述できます。

【リスト5-5】「Integer型」の変数を使う

```
Integer intg = 3;
```

一度「Integer型」として受け取られたデータは、「int型」のように四則演算できます。

●「Function」の使用

実際に演算を行なうには、オブジェクト「twice」がメソッド「apply」を呼び出します。

メソッド「apply」の引数に、演算対象となる変数「intg」を与えます。

【リスト5-6】メソッド「apply」で演算を実現

```
twice.apply(intg)
```

●プログラムの実行

実行例5-1のようにコマンド引数なしで実行すると、**実行例5-2**の結果が得られます。

【実行例5-1】コマンド引数なしで実行

```
java -cp . functiontest.FunctionTest
```

【実行例5-2】「実行例5-1」の結果

```
3の2倍は6
```

このように、「Function」は名前こそ「関数」ですが、特別なものではありません。

前章で使ってきた「Runnable」「Comparator」「ActionListener」、または自分で作った「関数型インターフェイス」と同じ構造、同じ使い方です。

しかし、名前が「関数」ということで、関数のように使うことがハッキリします。

プログラミングにおいて、用途が分かりやすい「意味」をもつAPIや変数名を作ることを、「セマンティック」(意味論的)と呼びます。

「2つのメソッドは同じ働きをするが、こちらのほうがよりセマンティックである」というような言い方をよく目にするのではないでしょうか。

逆に、自分で命名した「関数型インターフェイス」を使ったほうがより「セマンティック」な場合は、そちらを使えばいいのです。

■「Function」にラムダ式を使う

●コマンド引数で別の処理に切り替え

では、相当するラムダ式で、「2」を乗じる演算を書いてみましょう。

リスト5-1に**リスト5-7**のように追記します。

【リスト5-7】「リスト5-1」に追加する部分

```
......
if (args.length > 0) {

  switch(args[0]){

    case "f1":
    default: // 「f1」の場合もそうでない場合も

    intg = 5;

    Function<Integer, Integer> twicelambda = (a)->(a*2);

    System.out.println(intg +"の2倍をラムダ式で書いても"
    +twicelambda.apply(intg));
     break;

  }

} else {
......
```

このような記述は何度も書いてきたので、慣れたのではないでしょうか。

なお、リスト5-7では、「case “f1”」と「default」を一緒にして、処理を指定しました。

これは、コマンド引数の入力を間違えた場合でも、エラーにならないためです。

つまり、「args[0]」に正確に「f1」と入力した場合も、間違いなどで他に何か入力した場合も、同じ処理を行ないます。

● 「Function」をラムダ式で実装

「Function」の実装にラムダ式を用いたのは、**リスト5-8**の部分です。

【リスト5-8】「Function」を実装したラムダ式

```
Function<Integer, Integer> twicelambda = (a)->(a*2);
```

プログラムを再コンパイルして、実行しましょう。

実行例5-3のようにコマンド引数を「f1」にして実行すると、**実行例5-4**のように表示されます。

【実行例5-3】「PropertyChangeListener」に使うラムダ式

```
java -cp . functiontest.FunctionTest f1
```

【実行例5-4】「実行例5-3」の結果

```
5の2倍をラムダ式で書いても10
```

■引数と戻り値のタイプが違う「Function」

●引数が「Integer」で、戻り値が「String」

「Function」の引数と戻り値に、違うデータタイプを指定します。

リスト5-7に、さらに**リスト5-9**の「case文」を追加してください。

【リスト5-9】「リスト5-7」に入れる「case文」

```
case "f2":

 intg = 7;

 Function<Integer, String> triple
 = new Function<Integer, String>(){

   @Override
   public String apply(Integer a){
     return( a + "の3倍は" + a*3);
   }
```

```
};

System.out.println(triple.apply(intg));
break;
```

リスト5-9の「Function」は、無名クラスによる実装です。

これを書きたかったのは、メソッド「apply」の実装の仕方を確認したかったからです。

つまり、「Function」の引数を「Integer」、戻り値を「String」にした場合、実装すべきメソッド「apply」の引数と戻り値も対応させなければなりません。

【リスト5-10】引数と戻り値のタイプが違う

```
Function<Integer, String>
```

メソッドの定義では戻り値を最初に書くので、**リスト5-11**のようになります。

【リスト5-11】「リスト5-10」の「Function」で実装するメソッド

```
public String apply(Integer a){
  returnなんらかの文字列;
}
```

そこで、**リスト5-9**においてメソッド「apply」が戻すのは、「a*3」の結果を含む表示文字列です。

【リスト 5-12】表示文字列を戻す

```
return( a + "の3倍は" + a*3);
```

では、プログラムを再コンパイルします。

そして、コマンド引数「f2」で「functiontest.FunctionTest」を実行し、**実行例5-5**の結果が出ることを確かめてください。

【実行例5-5】コマンド引数「f2」で実行した結果

```
7の3倍は21
```

■「Function」が許す引数は、1つだけ

ところで、2つの数の加算をしたい場合のように、引数を2つ指定したい場合はどうするのでしょうか。

実は「Function」は、「1つの引数に対して戻り値がある場合」にしか使えないと決まっているのです。

「引数が2つ」の場合は別のインターフェイスを用います。「戻り値がない」場合も別です。

そのような、別の形式の引数、戻り値に用いる、いろいろなインターフェイスを、次節で紹介します。

MEMO

5-2 引数や戻り値の異なるインターフェイス

■2つの引数を受け付ける「BiFunction」

引数が2つある場合は、インターフェイス「BiFunction」を用います。

これからは、ラムダ式のみで実践していきます。

＊

「BiFunction」を用いて、**リスト5-9**に続けて「case文」を追加しましょう。

その前に、「java.util.function.BiFunction」をインポートする宣言を、**リスト5-13**のように追加してください。

【リスト5-13】インターフェイス「BiFunction」をインポート

```
import java.util.function.BiFunction;
```

【リスト5-14】「BiFunction」を用いる「case文」

```
case "bf1":

 intg=2;

 BiFunction<Integer, Integer, Integer> add
 =(a, b)->(a+b);

 System.out.println(intg+"と"+"5の和は"
 +add.apply(intg, 5));
break;
```

「BiFunction」は3つのデータのタイプを指定します。

最初の2つが引数で、3つ目が戻り値です。

リスト5-13の「BiFunction」では、2つの引数も戻り値も「Integer型」です。

「BiFunction」を実装したオブジェクトの変数名は、「add」です。

「add」が呼び出しているメソッド「apply」に注意してください。引数として

「intg」と「5」の2つを取っています。

プログラムを再コンパイル後、コマンド引数「bf1」で「functiontest.FunctionTest」を実行します。

実行例5-6の結果が出ることを確かめてください。

【実行例5-6】コマンド引数「bf1」で実行した結果

```
2と5の和は7
```

●2つの引数のデータタイプが、異なってもよい

リスト5-15では、「BiFunction」の引数のデータタイプが「Integer」と「String」で、戻り値が「String」です。

【リスト5-15】別のタイプの「BiFunction」を用いた「case文」

```
case "bf2":

 intg=3;

 BiFunction<Integer, String, String> sevenfold
 = (a,dscr)->(a+dscr+a*7);

 System.out.println(sevenfold.apply(intg, "の7倍は"));
break;
```

リスト5-15におけるラムダ式の引数と、変数「sevenfold」が呼び出すメソッド「apply」に渡した値の関係は、**表5-1**の通りです。

表5-1 「ラムダ式の引数」と「渡した変数」の関係

ラムダ式の変数	タイプ	渡した値
a	Integer	intg、ここでは3
dscr	String	"の7倍は"

ラムダ式の右項、すなわち「apply」の戻り値は、**リスト5-16**です。

「a」と「a*7」は、「Integer」が「アンボックス」されて「int型」になります。

これらと引数「dscr」に渡された文字列が演算子「+」で結ばれて、全体が文字列になります。

【リスト5-16】ラムダ式の右項、すなわち「apply」の戻り値

```
a+dscr+a*7
```

コマンド引数「bf2」で「functiontest.FunctionTest」を実行し、**実行例5-7**の結果を確かめてください。

【実行例5-7】コマンド引数「bf2」で実行した結果

```
3の7倍は21
```

■2項演算子「BinaryOperator」

数値演算のように、同じタイプの引数を2つ取って、戻り値も同じタイプであるときは、インターフェイス「BinaryOperator」があります。

「Binary」は「2進数」の意味ではなく、「2項演算子」の「2項」を表わします。

＊

「BinaryOperator」を用いて, **リスト5-15**に続けて「case文」を追加しましょう。

その前に、「java.util.function.BinaryOperator」をインポートする宣言を、**リスト5-17**のように追加してください。

【リスト5-17】インターフェイス「BinaryOperator」をインポート

```
import java.util.function.BinaryOperator;
```

【リスト5-18】「BinaryOperator」を用いる「case文」

```
case "bn":

 intg=6;

 BinaryOperator<Integer> simpleadd =(a,b)->a+b;
```

```
 System.out.println(
  "2項演算子を使っても"+intg+"7は"+
  simpleadd.apply(intg, 7)
  );
break;
```

追加が終わったら、プログラムを再コンパイルします。

コマンド引数「bn」で「functiontest.FunctionTest」を実行し、**実行例5-8**の結果が出ることを確かめてください。

【実行例5-8】コマンド引数「bn」で実行した結果

```
2項演算子を使っても6+7は13
```

「2項演算子」という名前からも想像できるように、「BinaryOperator」は、四則演算のような簡単な処理に向いています。

■戻り値がない場合「Consumer」

●「Consumer」の実装メソッドは「accept」

以上の「関数型インターフェイス」では、必ず戻り値のデータタイプも指定します。

「引数と同じタイプである」という「BinaryOperator」でも、戻り値があるということは変わりません。

*

1つの引数に対し戻り値のない処理をする場合は、別のインターフェイス「Consumer」を使います。

引数を2つ取る場合は、「BiConsumer」です。

また、「Consumer」と「BiConsumer」の実装メソッド名は、「accept」です。

なぜ「apply」ではないのでしょうか。

理由は、「Consumer」や「BiConsumer」は、ただ「戻り値のない処理」をして終わりというのではなく、「ある条件を満たすなら処理を受け付ける(accept)、そうでなければ受け付けない」のような処理の流れで使うことを想定しているからです。

たとえば、リストから1つずつ要素を取り出して、条件を調べながら使う、という感じです。

とすると、いままで書いてきたような、適当に整数などのデータを当てはめて1回使って終わり、という処理では実感がわかないと思います。

そこで、次からは**第2章**で使った「HistoryPerson」のリストをデータとして、他の「関数型インターフェイス」を使っていきます。

●「Consumer」の基本的な使い方

とりあえず「FunctionTest.java」中で、「Consumer」を一度使ってみましょう。

リスト5-18に続けて「case文」を追加します。

その前に、「java.util.function.Consumer」をインポートする宣言を、**リスト5-19**のように追加してください。

【リスト5-19】インターフェイス「Consumer」をインポート

```
import java.util.function.Consumer;
```

【リスト5-20】「Consumer」を用いる「case文」

```
case "csm":

 Consumer<String> door = (name)->
 System.out.println("お入りなさい"+name+"さん");

 door.accept("アリス");

break;
```

リスト5-20では、なるべく「メソッド名accept」の名前の雰囲気が出るようなプログラムにしてみました。

*

コマンド引数「csm」で「functiontest.FunctionTest」を実行し、**実行例5-9**の結果を確かめてください。

【実行例5-9】コマンド引数「csm」で実行した結果

```
お入りなさいアリスさん
```

*

では、「FunctionTest.java」の編集はここまでにしましょう。
以降では、新しいプログラムを作っていきます。

> ※「FunctionTest.java」は本書サンプルプログラムの「sample/chap5」フォルダに収録してあります。

5-3 条件を与える「Predicate」

■「HistoryPerson.java」を使う

新しいパッケージでソースファイルを書きます。
パッケージ名を「historypersonsearch」、実行クラスのソースファイル名を「HistoryPersonSearch.java」にします。

そして、**第2章**で書いた「HistoryPerson.java」をそのパッケージで使います。
コピーして、パッケージ名だけ変更してください。

■「真か偽か」を与える「Predicate」

●インターフェイス「Predicate」の概要

前節の終わりに、「Consumer」は「条件を調べて、処理を受け付ける」ような使い方をすると述べました。
その「条件を満たすか否か」を与える「関数型インターフェイス」も、あります。
名前は、「Predicate」(仮定する)です。

「Predicate」では「test」というメソッドを実装します。
「test」の戻り値は「ブーリアン型」です。

●「Predicate」の使い方

リスト5-21は、クラス「HistoryPerson」のオブジェクトの生まれた年齢が「1560」より前か(1560年にある人物が生まれていたか)を調べるものです。

「Predicate」を実装したラムダ式に、「okehazama」という変数名をつけて定義しました。

【リスト5-21】「Predicate」を使って条件に変数名をつける

```
Predicate<HistoryPerson> okehazama =
 (person)->person.getBornYear() < 1560;
```

※クラス「HistoryPerson」では、メソッド「isBorn」「describeByName」など、補助的メソッドを定義しましたが、本章では「関数型インターフェイス」の役割を明確にするために、「HistoryPerson」の補助的メソッドをあえて使わず「素のままの式」で書いていきます。

本章でこれまで学んだ「関数型インターフェイス」と同様に、「Predicate」も「ジェネリック型」です。

そして、今回は「Integer」や「String」のようなJavaの標準のデータタイプではなく、「HistoryPerson」という自分で定義したクラスを用います。

この「Predicateを実装したラムダ式」は、**リスト5-22**のように使います。変数「p」は、クラス「HistoryPerson」のオブジェクトです。

【リスト5-22】「Predicate」を使った処理の一例

```
if(okehazama.test(p)){
  p.getName()+"は"+(1560-p.getBornYear())+"歳でした");
}
```

●プログラムの中で「Predicate」を使う

リスト5-21と**リスト5-22**を動かすために、まず「HistoryPersonSearch.java」を**リスト5-23**のように書きます。

【リスト5-23】HistoryPersonSearch.java

```
package historypersonsearch;

import java.util.List;
import java.util.function.Predicate;

public class HistoryPersonSearch {

  public static void main(String[] args) {
    //HistoryPerson.javaをコピー（パッケージ名もこっちに）
    List<HistoryPerson> people =
    HistoryPerson.listPeople();

    if(args.length > 0){
      //このあと書き足していく
    }
    else{
      Predicate<HistoryPerson> okehazama =
      (person)->person.getBornYear()<1560;

      System.out.println("桶狭間の戦いのとき");

      for(HistoryPerson p:people){

        if(okehazama.test(p)){
          System.out.println(
          p.getName()+"は"
          +(1560-p.getBornYear())+"歳でした");
        }
      }
    }
  }
}
```

コマンド引数なしで、「historypersonsearch.HistoryPersonSearch」を実行してください。**実行例5-10**の結果を得ます。

【実行例5-10】「historypersonsearch.HistoryPersonSearch」の実行結果

```
桶狭間の戦いのとき
武田信玄は39歳でした
上杉謙信は30歳でした
織田信長は26歳でした
北条氏康は45歳でした
毛利元就は39歳でした
```

実行例5-10には、まだ生まれていなかった「伊達政宗」が出ていません。
検索条件を満たさず、正しく除外されたのです。

●複数の条件で絞り込む

次に、コマンド引数に西暦を入れると、その年に「活躍していた」人だけが表示されるようにしましょう。

それには、「Predicate」を実装するラムダ式を、**リスト5-24**のように2つ作ります。

【リスト5-24】「生年」と「没年」に関するラムダ式

```
if(args.length > 0){

  int argYear = Integer.parseInt(args[0]);

  Predicate<HistoryPerson> isborn =
  (p)->p.getBornYear()<argYear;

  Predicate<HistoryPerson> notdead =
  (p)->p.getDeadYear()>argYear;
}
```

リスト5-24で注意すべきは、コマンド引数「args[0]」の扱いです。

「args[0]」と変数名で表わされていますが、アプリケーションが起動したときに「コマンド変数」の値を読み込んで、アプリケーションが終了するまで変わらない「定数」になります。

そのため、2つのラムダ式の「変数」はいずれも、「クラスHistoryPersonのオブジェクト」である「p」ひとつのみです。

ですから、**リスト5-25**のように「final」をつけて「argYear」を定義してもかまいません。

【リスト5-25】「args[0]」は入れてしまえば変わらない

```
final int argYear = Integer.parseInt(args[0]);
```

●「Predicate」のデフォルト・メソッド「and」

定義されたラムダ式「isborn」は「人物の生年がargYearより前か」を調べ、「notdead」は「人物の没年がargYearより後か」を調べます。

そして、2つのラムダ式で表わされた条件のどちらも満たせば、「argYear」のとき活動していたということになります。

その条件は、**リスト5-26**のように書くことができます。

なお、「p」はクラス「HistoryPerson」のオブジェクトです。

【リスト5-26】「isborn」「notdead」いずれも満たす

```
isborn.test(p)&&notdead.test(p)
```

しかし、もっと簡単に**リスト5-27**のように書くことができます。

【リスト5-27】「and」というメソッド

```
isborn.and(notdead).test(p)
```

リスト5-27で「and」は、「isborn」が呼び出しているメソッドです。その引数が「notdead」です。

＊

この仕組みについて説明しましょう。

メソッド「and」のシグニチャ（戻り値、引数のデータタイプを表示した形）は、リスト5-28のように書かれます。

【リスト5-28】メソッドのシグニチャ

```
default Predicate<T> and(Predicate<? super T> other)
```

リスト5-28で、シグニチャの最初に「default」と記しています。

つまりこのメソッド「and」は、インターフェイス「Predicate」で定義されている「デフォルト・メソッド」です。

*

「java.util.function」パッケージの元に与えられている「関数型インターフェイス」には、ラムダ式で表わしたオブジェクトの働きを補助するような「デフォルト・メソッド」が与えられています。

「Predicate」の「デフォルト・メソッド」である「and」も、そのひとつです。

メソッド「and」の戻り値は、「Predicateを実装したクラスのオブジェクト（ラムダ式）」です。リスト5-27では、この戻り値がメソッド「test」を呼んでいます。

そして引数も、同じデータ型のオブジェクト、またはそのサブクラスの型のオブジェクトです。リスト5-27では「notdead」が引数です。

こうして、2つの「Predicate」が表わす条件の論理積として、新しい「Predicate」の実装が得られます。

*

同様のメソッドに、「or」もあります。

2つの「Predicate」の条件の論理和として、「Predicate」の実装を得ます。

●「Predicate」と「Comsumer」を使った記述

さて、リスト5-27が満たされたときに行なう処理を、リスト5-29のように「Consumer」を用いて書いてみましょう。

【リスト5-29】「Consumer」で戻り値のない処理

```
Consumer<HistoryPerson> write =
(p)->System.out.println(
 p.getName()+"は"+
 (argYear-p.getBornYear()+"歳でした"));
```

リスト5-29をオブジェクト「p」について行なうとすると、**リスト5-30**のように「書き出すことが承認された」という感じの意味になって、プログラムが分かりやすくなりますね。

【リスト5-30】この「p」について、「write」が承認されました

```
write.accept(p)
```

以上の内容を、**リスト5-21**でコマンド引数の入力があった場合の処理として書き足します。

その前に、インターフェイス「Consumer」のインポート宣言を付け加えてください。

【リスト5-31】「Consumer」をインポート

```
import java.util.function.Consumer;
```

【リスト5-32】コマンド引数に対応する処理

```
if(args.length > 0){

  final int argYear = Integer.parseInt(args[0]);
  Predicate<HistoryPerson> isborn =
  (p)->p.getBornYear()<argYear;
  Predicate<HistoryPerson> notdead =
  (p)->p.getDeadYear()>argYear;

  Consumer<HistoryPerson> write =
  (p)->System.out.println(
   p.getName()+"は"+
   (argYear-p.getBornYear()+"歳でした"));
```

```
    System.out.println(argYear+"年には");

    for(HistoryPerson p:people){
      if(isborn.and(notdead).test(p)){
        write.accept(p);
      }
    }
}
```

＊

「HistoryPersonSearch.java」を再コンパイルします。
コマンド引数で適切な西暦を入れて実行し、結果を確認してください。

【実行例5-11】コマンド引数「1570」で実行

```
java -cp . historypersonsearch.HistoryPersonSearch 1570
```

【実行例5-12】「実行例5-11」の実行例

```
1570年には
武田信玄は49歳でした
上杉謙信は40歳でした
織田信長は36歳でした
伊達政宗は3歳でした
北条氏康は55歳でした
毛利元就は49歳でした
```

【実行例5-13】コマンド引数「1575」で実行

```
java -cp . historypersonsearch.HistoryPersonSearch 1575
```

【実行例5-14】「実行例5-13」の実行例

```
1575年には
上杉謙信は45歳でした
織田信長は41歳でした
伊達政宗は8歳でした
```

※「HistoryPersonSearch.java」は本書サンプルプログラムの「sample/chap5」フォルダに収録してあります。

5-4 「Predicate」を引数に取るメソッド

■プログラム「HistorySearchArgs」の作成

●条件と処理方法を引数に取るメソッド「search」

新しいプログラムを作りましょう。

パッケージ名は、「historysearchargs」にします。

ずっと使っている「HistoryPerson.java」を、また使います。

パッケージフォルダ「historysearchargs」にコピーして、パッケージ名を変更してください。

「HistorySearchArgs.java」を作って編集していきます。

＊

ここでのポイントは、メソッド「search」です。

【リスト5-33】メソッド「search」

```
public static void search(
 List<HistoryPerson> people,
 Predicate<HistoryPerson> searchby,
 Consumer<HistoryPerson> write){

   for(HistoryPerson p:people){
     if(searchby.test(p)){
       write.accept(p);
     }
   }
}
```

メソッド「search」の目的は、クラス「HistoryPerson」のオブジェクトについて、条件を満たしたときにそれを一定の方法で書き出すことです。

メソッド「search」は「静的メソッド」です。理由は、特にインスタンスメソッドにする理由がないからです。

●メソッド「search」の引数について

注目すべきは、その引数です。

最初の「people」には、これまで何度も行なったように、メソッド「HistoryPerson.listPeople」によってリスト「people」を得て、これを渡します。

そのあとに、2つあります。まずひとつは**リスト5-34**のように定義された「searchby」です。

【リスト5-34】引数「searchby」

```
Predicate<HistoryPerson> searchby
```

引数「searchby」のデータタイプは、『クラス「HistoryPerson」のオブジェクトを扱う、インターフェイス「Predicate」を実装するクラスのオブジェクト』です。

……と書くと何やら面倒なのですが、ラムダ式で考えると**リスト5-35**のような形です(「p」はクラス「HistoryPerson」のオブジェクト)。

【リスト5-35】引数「searchby」に与えるラムダ式のタイプ

```
(p)->(pに関して真か偽かを与える式)
```

もうひとつは、**リスト5-36**のように定義された「write」です。

【リスト5-36】引数「write」

```
Consumer<HistoryPerson> write
```

「write」のデータタイプは、クラス「HistoryPerson」のオブジェクト「p」によって、**リスト5-37**のようなラムダ式で書かれます。

【リスト5-37】引数「searchby」に与えるラムダ式のタイプ

```
(p)->(pに関して何か処理をする)
```

このように定義した引数名を使って、メソッドの定義の中で**リスト5-38**や**リス**

ト5-39のような記述ができます。

【リスト5-38】引数「searchby」が、メソッド「test」を呼び出す

```
searchby.test(p)
```

【リスト5-39】引数「write」が、メソッド「accept」を呼び出す

```
write.accept(p)
```

●引数に渡す値の実際

引数「searchby」には、どんなオブジェクトを渡せるのでしょうか。

具体的には、リスト5-40のようなラムダ式「isBorn」です。

これは、「人物の生年が1575年より前か」という条件です。これまで、何度か使ってきました。

【リスト5-40】引数「searchby」に渡せるラムダ式

```
Predicate<HistoryPerson> isBorn =
(p)->(p.getBornYear() < 1575);
```

＊

リスト5-41のラムダ式「notDead」も、「searchby」に渡せる条件です。

これは、「人物の没年が1575年より後か」という条件です。

【リスト5-41】これも「searchby」に渡せる

```
Predicate<HistoryPerson> notDead =
(p)->(p.getDeadYear() > 1575);
```

＊

そして、「isBorn」と「notDead」をメソッド「and」で結合した戻り値であるリスト5-38も、同じ「データ型」ですから「searchby」に渡せます。

人物の「生年」と「没年」で絞り込む条件です。

【リスト5-42】合成した条件

```
isBorn.and(notDead)
```

＊

さらに、他の観点からのラムダ式も渡せます。

リスト5-43のラムダ式「inEast」は、「人物の居城の東経が138.4339度より東か」という条件です。

【リスト5-43】これも引数「searchby」に渡せるラムダ式

```
Predicate<HistoryPerson> inEast =
(p)->(p.getCastleLongitude() > 138.4339)
```

リスト5-40から**リスト5-43**は、条件の特性も、そのデータタイプも違います（整数や小数）。

でも、『クラス「HistoryPerson」のオブジェクトを扱う』と、データの構造を大きくとっているので、どちらも引数「searchby」に渡せるのです。

●プログラムの完成

そこで、**リスト5-44**の「HistorySearchArgs.java」を作り、コンパイルして実行しましょう。

これ以上手を加えず、コマンド引数も使いません。実行結果を確認すれば、完了です。

【リスト5-44】HistorySearchArgs.java

```
package historysearchargs;

import java.util.List;
import java.util.function.Consumer;
import java.util.function.Predicate;

public class HistorySearchArgs{

  //定数
  static final double FUJIYAMA = 138.4339;
  static final int NAGASHINO = 1575;

  public static void search(
```

```
List<HistoryPerson> people,
Predicate<HistoryPerson> searchby,
Consumer<HistoryPerson> write){

  for(HistoryPerson p:people){
    if(searchby.test(p)){
      write.accept(p);
    }
  }

}

public static void main(String[] args) {

  List<HistoryPerson> people =
  HistoryPerson.listPeople();

  Predicate<HistoryPerson> isBorn =
  (p)->(p.getBornYear() < NAGASHINO);

  Predicate<HistoryPerson> notDead =
  (p)->(p.getDeadYear() > NAGASHINO);

  Predicate<HistoryPerson> inEast =
  (p)->(p.getCastleLongitude() > FUJIYAMA);

  //引数writeに渡せるラムダ式
  Consumer<HistoryPerson> resultYear =
  (p)->System.out.println(
  p.getName()+"さんは、"+
  (NAGASHINO-p.getBornYear())+"歳"
  );
  Consumer<HistoryPerson> resultCastle =
  (p)->System.out.println(
```

```
        p.getName()+"さんがお住まいの"+
        p.getCastleName());



    //メソッドsearchを用いるための前書き
    System.out.println("1575年の時点で");
    search(people, isBorn.and(notDead), resultYear);

    System.out.println();

    //別の条件でメソッドsearchを用いる
    System.out.println("富士山から東側にあったのは");
    search(people, inEast, resultCastle);
  }
}
```

※「HistorySearchArgs.java」は本書サンプルプログラムの「sample/chap5」フォルダに収録してあります。

【実行例5-15】「historysearchargs.HistorySearchArgs」の実行結果

```
1575年の時点で
上杉謙信さんは、45歳
織田信長さんは、41歳
伊達政宗さんは、8歳

富士山から東側にあったのは
伊達政宗さんがお住まいの青葉城
北条氏康さんがお住まいの小田原城
```

リスト5-44で、定数「FUJIYAMA」と「NAGASHINO」は、静的なメソッドである「main」で直接使うので、静的な変数として定義しなければなりません(使用目的においても、それが適切です)。

このように、関数を表わす「関数型インターフェイス」は、メソッドの引数のデータタイプとして使えます。

「関数を値として引数に渡す」という「関数オブジェクト」の考えに、かなり近い考えで記述できるのです。

*

「Function」の仲間である「関数型インターフェイス」は、他にも用途によって細かく分かれています。

たとえば、任意のデータタイプから「int型」(プリミティブ型)の戻り値を得る「ToIntFunction」などがあります。

しかし、「Function」(または「BiFunction」)、「Predicate」(または「BiPredicate」)の他は、あまり表立って使うことはないでしょう。

なぜなら、私たちがそれらのインターフェイスを意識して使うことなく、必要な箇所にラムダ式を使うだけで処理ができる仕組みが整っているからです(間接的には、たくさん使います)。

その仕組みとして顕著なのが、「Java8」で登場した「Stream API」と呼ばれるAPIを用いた「アグリゲート処理」です。

次の章で、それを試してみます。

MEMO

第6章

「Stream API」で用いる「ラムダ式」

「Stream API」とは、データの集合体を次々と処理して、目的の結果までもっていくための、クラスやメソッドです。
処理は、一連の「流れ」(stream)として記述します。
「Stream API」の引数に「ラムダ式」を使うと、さらに簡単に、データの「検索」や「変換」「分析」ができます。

6-1 メソッド「stream」

■目的はデータベース

「Stream」(ストリーム)というと、「映像や音楽のストリーム配信」や「FileInputStream」などのデータの読み書きを想像して、自分の分野ではないと思うかもしれません。

しかし、「Java」の「StreamAPI」は、それらとは違います。

「StreamAPI」の目的は、データベースなどから取り出したデータの、効率的な処理です。

■「繰り返し処理法」の変遷

これまで使ってきた「HistoryPerson.java」を、もう少し使います。

クラス「HistoryPerson」オブジェクトのリストを1つずつ取り出し、人物の名前を表示する、という簡単な処理を書いてみましょう。

＊

新しいパッケージ「streamtest」に、ソースファイル「StreamTest.java」を作ります。

「HistoryPerson.java」もコピーして、「パッケージ名」を変えておいてください。

●「Stream API」を使わない繰り返し処理

まずは、これまでの復習です。もう何度もやってイヤになったかもしれませんが、「people」の各要素から「人物の名前」を取り出して、表示します。

【リスト6-1】「StreamTest.java」で、まずは通常の繰り返し記法

```
package streamtest;

import java.util.List;

public class StreamTest {

  public static void main(String[] args) {
```

```
    List<HistoryPerson> people = HistoryPerson.listPeople();

    if(args.length > 0){
      //ここに後で処理を書く
    }

    else{
      for(HistoryPerson p:people){
        System.out.println(p.getName());
      }
    }
  }
}
```

リスト6-1をコンパイルして、「streamtest.StreamTest」をコマンド引数なしで実行してみましょう。

実行例6-1のように、見慣れた結果が現われます。

【実行例6-1】「streamtest.StreamTest」の実行結果

```
武田信玄
上杉謙信
織田信長
伊達政宗
北条氏康
毛利元就
```

●もっと昔の「繰り返し処理」

しかし、**リスト6-2**に示す「繰り返し」の記法は、実はずいぶん楽なものです。

【リスト6-2】実はかなり楽な「繰り返し」の記法

```
for(HistoryPerson p:people){...pを使った処理...}
```

データ長を変更できる「List型」の集合体に関する「繰り返し処理」は、

「JDK5」あたりまではもっと面倒でした。「データタイプの確定」や「ヌルポインタ例外」を避けるためです。

＊

ちょっとやってみましょう。

まず、**リスト6-3**のように、プログラムに「java.util.Iterator」クラスをインポートします。

【リスト6-3】「インポート宣言」を追加

```
import java.util.Iterator;
```

リスト6-1でコマンド引数があった場合の処理として、**リスト6-4**のように書き加えます。

【リスト6-4】コマンド引数が「veryold」のとき

```
if(args.length > 0){
  switch(args[0]){
    case "veryold":
    default:
    System.out.println("とても古い書き方・・・");

      Iterator<HistoryPerson> it = people.iterator();

      while(it.hasNext()){
        HistoryPerson p = it.next();
        System.out.println(p.getName());
      }
      break;
  }
}
```

再コンパイルしたら、「streamtest.StreamTest」をコマンド引数「veryold」で実行します。

実行例6-1と同じ「繰り返し表示」がされることを確認してください。

●「Stream API」を用いた「繰り返し処理」

簡単な「繰り返し処理」の記法には、「forEach」というメソッドもあります。

「Stream API」の中にはありませんが、関連深い機能です。

*

「List」などの、データ型（「Iterable」という大きい分類のインターフェイス）のオブジェクトが呼び出せるメソッドになっています。

そして、処理の内容をラムダ式として、「forEach」の引数に置くのです。

この引数のデータ型は、**リスト6-5**に示すシグニチャのように「Consumer」です。つまり、「戻り値を取らないラムダ式を置きます。

【リスト6-5】メソッド「forEach」のシグニチャ

```
forEach(Consumer<? super T> action)
```

*

リスト6-1や**リスト6-2**と同じ「繰り返し処理」をするのに、メソッド「forEach」を使ってみましょう。

リスト6-6のような「case 文」にして、**リスト6-4**に追加します。

【リスト6-6】メソッド「forEach」を用いる

```
case "foreach":

 System.out.println("forEachを用いると……");

 people.forEach((p)->System.out.println(p.getName()));
break;
```

リスト6-6を再コンパイルしたら、「streamtest.StreamTest」をコマンド引数「foreach」で実行します。

実行例6-1と同じ「繰り返し表示」が行なわれることを、確認してください。

■メソッド「stream」と「filter」

●最初の一歩「stream」

「Stream API」は、「java.util.stream」というパッケージの下にあるクラスやメソッドです。

リスト6-6で「forEach」を使いましたが、「forEach」は戻り値をもたない処理を繰り返して、それで終わりです。

「Stream API」による「繰り返し処理」の、「最後の仕上げ」に相当します。

*

では、「最初の一歩」はというと、メソッド「stream」です。

これは、「List型」などのインターフェイス(「java.util.Collection」という大きな分類)に新しく定義された、「デフォルト・メソッド」です。

「List型」のオブジェクト「people」に対して、**リスト6-7**のように使います。

【リスト6-7】「people」がメソッド「stream」を呼び出す

```
people.stream()
```

これで、どうなるのでしょうか。

実は、メソッド「stream」を呼んだだけでは意味がありません。

これによって、「java.util.stream.Stream」というインターフェイスを実装したクラスのオブジェクトが得られます。

このオブジェクトは、たとえば「filter」というメソッドを呼ぶことができます。

【リスト6-8】さらにメソッド「filter」を呼ぶ

```
people.stream().filter(Predicate型のラムダ式)
```

これで、最初の集合体から、条件を満たすものだけが抽出されます。

メソッド「filter」が戻すものは、やはり「Stream型」のオブジェクトです。そのため、引き続きメソッド「filter」を呼び出して、条件を絞り込むことができます。

【リスト6-9】さらにメソッド「filter」をもう一度呼ぶ

```
people.stream().filter(Predicate型のラムダ式)
.filter(別のラムダ式)
```

最後に、たとえばメソッド「forEach」を呼んで、書き出すなどの処理ができます。

ただし、この「forEach」は、**リスト6-6**で「List型」に対して使ったのと名前も目的も同じですが、「Stream型」に使うように別途定義された「デフォルト・メソッド」です。

*

では、**リスト6-6**に続く「case文」として、**リスト6-10**を加えます。

【リスト6-10】「Stream API」を用いた絞り込みと繰り返し

```
case "isborn": //生年だけが条件

 System.out.println("1540年に生まれていた人は");

 people.stream().filter((p)->(p.getBornYear()<1540))
 .forEach((p)->System.out.println(p.getName()));
break;

case "active": //生年と没年の両方が条件

 System.out.println("1575年に健在だった人は");

 people.stream().filter((p)->(p.getBornYear()<1575))
 .filter((p)->(p.getDeadYear()>1575))
 .forEach((p)->System.out.println(p.getName()));
break;
```

リスト6-10を書くにあたって、インターフェイス「Stream」などをインポートする文は不要です。

なぜなら、「Stream型」のオブジェクトが得られたのは、「List型のオブジェクト」のメソッド「stream」を呼び出したためです。

プログラム中で、「Stream API」のクラスやメソッドを直接参照していないので、コンパイラが「解釈」に困ることはないのです。

＊

再コンパイルしたら、「streamtest.StreamTest」をコマンド引数「isborn」と「active」でそれぞれ実行します。

【実行例6-2】コマンド引数「isborn」で起動したときの実行結果

```
1540年に生まれていた人は
武田信玄
上杉謙信
織田信長
北条氏康
毛利元就
```

【実行例6-3】コマンド引数「active」で起動したときの実行結果

```
1575年に健在だった人は
上杉謙信
織田信長
伊達政宗
```

※「StreamTest.java」は本書サンプルプログラムの「sample/chap6」フォルダに収録してあります。

■「StreamAPI」が可能にする「アグリゲート処理」

リスト6-10に示したような「生年が1540年より前かどうか」という条件による抽出を、これまではどう書いたか思い出してみましょう(リスト6-1でもやっています)。

【リスト6-11】いままで何度も書いてきた「条件による抽出」

```
for(HistoryPerson p:people){
  if((p)->pの条件){
    .....
  }
}
```

リスト6-11のように、従来の方法では、集合体からデータを1つずつ取り出して条件を調べます。

一方、「Stream API」を用いた処理では、最後の「forEach」による書き出しまで、データの集合体を「バラバラにしない」書き方をします。

実行時に、見えないところで、一時的なリストが作られているものと考えればいいと思いますが、目に見えるソースコードでの書き方は、「集合したまま処理する」ような形をもちます。

そのため、「Stream API」を用いた処理は、「アグリゲート処理」と呼ばれます。

データの集合体に対するこのような処理方法は、近年「ビッグデータ」というキーワードにもなった「膨大で不定形なデータ」を、迅速に処理する必要性が高まったためだと思います。

*

そこで、「Stream API」を使った「アグリゲート処理」の雰囲気がよく出るような、新しいデータベースを作りましょう。

「ある会社の製品を買った顧客の一覧」という感じのデータで、顧客の「タイプ」や「購買傾向」を分析したり、「誕生日」を把握する作業を行なっていきます。

新しいプログラムのパッケージ名は、「customersearch」にしましょう。

6-2 「Stream API」を実践するためのプログラム

■クラス「Customer」

●「Customer」のデータ構造

「Customer」という、データを記述するクラスの定義を書きます。

そのプロパティを、**表6-1**のように考えます。

表6-1　クラス「Customer」のプロパティ

プロパティ名	データタイプ	説　明
name	String	簡単にするためカタカナ表記に統一。
gender	enum	性別。「MAN」「WOMAN」のどちらか。
size	enum	製品のサイズ。「SMALL」「MIDDLE」「LARGE」「XLARGE」のいずれか。
birthday	LocalDate	「Java8」で登場した時刻のAPI「LocalDate」を用いる。

●列挙型データ

クラス「Customer」のプロパティのために、列挙(enum)型のソースファイル「Gender.java」と「Size.java」を作ります。

【リスト6-12】Gender.java

```
package customersearch;

public enum Gender {

  MAN, WOMAN

}
```

【リスト6-13】Size.java

```
package customersearch;

public enum Size {

```

```
  SMALL, MIDDLE, LARGE, XLARGE

}
```

これらを用いて「Customer.java」を書きます。

●Customer.java

リスト6-14が「Customer.java」の全文です。

かなり長いですが、データの処理を意味あるものにするには、このくらい必要だと思います。

細かいところは悩まずに、頑張って入力してください。

【リスト6-14】Customer.java

```
package customersearch;

import java.time.LocalDate;
import java.time.Month;
import java.time.Period;
import java.time.format.DateTimeFormatter;
import java.time.format.FormatStyle;
import java.util.ArrayList;
import java.util.List;
import java.util.Locale;

public class Customer {

  private String name;
  private Gender gender;
  private Size size;
  private LocalDate birthday;

  public Customer createName(String name){
    this.name=name;
    return this;
```

```
}

public Customer createGender(Gender gender){
  this.gender = gender;
  return this;
}

public Customer createSize(Size size){
  this.size = size;
  return this;
}

public Customer createBirthday(
int year, int month, int day){

  this.birthday=
  createDatefromData(year, month, day);

  return this;
}

//整数の年・月・日からLocalDateオブジェクトを得る
public LocalDate createDatefromData(
int year, int month, int day){

  Month mymonth = Month.of(month);
  LocalDate birthday = LocalDate.of(
  year, mymonth, day);
  return birthday;
}

//LocalDateのオブジェクトから文字列を得る
public String printBirthday(LocalDate localdate){
```

```
    DateTimeFormatter formatter =
    DateTimeFormatter.ofLocalizedDate(
    FormatStyle.MEDIUM).withLocale(Locale.JAPAN);

    return localdate.format(formatter);
  }

  //誕生日から年齢を計算
  public int getAge(){

    Period p = Period.between(birthday, LocalDate.now());
    return p.getYears();
  }

  public String getName() {
    return name;
  }

  public Gender getGender() {
    return gender;
  }

  public Size getSize() {
    return size;
  }

  public LocalDate getBirthday() {
    return birthday;
  }

  //一覧を作成する
  public static List<Customer> listCustomers(){

    List<Customer> customerList = new ArrayList<>();
```

```
        customerList.add(new Customer()
        .createName("サカモトシュンタロウ")
        .createGender(Gender.MAN).createSize(Size.LARGE)
        .createBirthday(1982, 8, 26));

        customerList.add(new Customer()
        .createName("タカサゴユミコ")
        .createGender(Gender.WOMAN).createSize(Size.MIDDLE)
        .createBirthday(1990, 4, 7));

        customerList.add(new Customer()
        .createName("アリマエイジロウ")
        .createGender(Gender.MAN).createSize(Size.MIDDLE)
        .createBirthday(1975, 10, 12));

        customerList.add(new Customer()
        .createName("ナガシマエイコ")
        .createGender(Gender.WOMAN).createSize(Size.SMALL)
        .createBirthday(1995, 6, 22));

        customerList.add(new Customer()
        .createName("コサカヒロコ")
        .createGender(Gender.WOMAN).createSize(Size.MIDDLE)
        .createBirthday(1965, 12, 11));

        customerList.add(new Customer()
        .createName("イリサワミツヲ")
        .createGender(Gender.MAN).createSize(Size.XLARGE)
        .createBirthday(1987, 2, 28));

        return customerList;
    }
}
```

●誕生日から年齢を計算する「getAge」

クラス「Customer」の定義には、**リスト6-15**に示す「getAge」というメソッドを定義しています。

「誕生日」から、「年齢」を計算するメソッドです。

【リスト6-15】メソッド「getAge」

```
//誕生日から年齢を計算
public int getAge(){

  Period p = Period.between(birthday, LocalDate.now());
  return p.getYears();
}
```

「java.time.Period」という便利なクラスは、「LocalDate型」の2つのオブジェクトの差をとり、「年」や「月」などに換算してくれます。

■補助的なクラス「CustomerPriner」

クラス「Customer」のオブジェクトを「文字列」で表示する方法を、別のクラスに定義します。そのために、「CustomerPrinter.java」を書きます。

「CustomerPrinter.java」には、全容を記述するスタティックなメソッド「printCustomer」を定義しておきます。

【リスト6-16】CustomerPrinter.java

```
package customersearch;

public class CustomerPrinter {

  public static void printCustomer(Customer c){

    StringBuffer printbuffer= new StringBuffer();
    printbuffer.append("名前: " + c.getName()+", ");
    printbuffer.append("性別: " + c.getGender()+", ");
    printbuffer.append("サイズ: "
```

```
    + c.getSize().toString()+", ");
    printbuffer.append("誕生日: "
    +c.getBirthday().toString());

    System.out.println(printbuffer.toString());
  }
}
```

■実行クラス「CustomerSearch」

いよいよ、実行クラスの定義「CustomerSearch.java」です。

リスト6-17のようにコマンド引数がないときの処理だけ記述しておきます。

それは、**リスト6-16**で定義したクラス「CustomerPrinter」のメソッド「printcustomer」を実行する処理です。

メソッド「forEach」の引数に、メソッド参照の形で書くことができます。

【リスト6-17】CustomerSearch.java

```
package customersearch;

import java.util.List;

public class CustomerSearch {

  public static void main(String[] args) {

    List<Customer> customers = Customer.listCustomers();

    if(args.length > 0){
      //後で処理を書く
    }

    else{
      customers.forEach(CustomerPrinter::printCustomer);
    }
```

```
    }
}
```

●全体の動作を確認

全体をコンパイルし、コマンド引数なしで実行してみましょう。

【実行例6-4】「customersearch.CustomerSearch」の実行結果

```
名前: タカサゴユミコ, 性別: WOMAN, サイズ: MIDDLE, 誕生日: 1990-04-07
名前: アリマエイジロウ, 性別: MAN, サイズ: MIDDLE, 誕生日: 1975-10-12
名前: ナカジマレイコ, 性別: WOMAN, サイズ: SMALL, 誕生日: 1995-06-22
名前: コサカヒロコ, 性別: WOMAN, サイズ: MIDDLE, 誕生日: 1965-12-11
名前: イリサワミツヲ, 性別: MAN, サイズ: XLARGE, 誕生日: 1987-02-28
```

では、「StreamAPI」を用いて、これらのデータをいろいろな観点から処理し、表示していきましょう。

MEMO

6-3 「アグリゲート処理」の実際

■「30代の人」を抽出

●「抽出データ」を簡潔に表示するメソッド

性別に注目して抽出するとなると、「名前」と「年齢」だけを表示するような簡潔な表示メソッドがあったほうがいいと思います。

そこで、「CustomerPrinter.java」のほうに、**リスト6-17**のような静的なメソッド「printNameAndAge」を作っておきます。

【リスト6-18】「CustomerPrinter」のメソッド「printNameAndAge」

```
public static void printNameAndAge(Customer c){

  System.out.println("名前: "+ c.getName()+
   ", 年齢: "+ c.getAge());
}
```

●「年齢」の下限と上限で抽出

「CustomerSearch.java」のほうに、メソッド「filter」とラムダ式を用いて、「年齢が29より大きく40より小さいデータ」を抽出する処理を書きます。

コマンド引数があったときの「case文」として、**リスト6-19**のように書きます。

【リスト6-19】「CustomerSearch.java」に付け足す「case文」

```
if(args.length{

  switch(args[0]){

    case "filter":

    customers.stream().filter(c->(c.getAge() >29))
    .filter(c->(c.getAge()<40))
    .forEach(CustomerPrinter::printNameAndAge);
```

```
      break;
    }
}
```

プログラムを再コンパイルしてから、コマンド引数「filter」で、「customersearch.CustomerSearch」を実行します。

実行した日時によって答はいろいろですが、たとえば**実行例6-5**のようになるでしょう。

【実行例6-5】コマンド引数「filter」で実行した例（日時による）

```
名前: サカモトシュンタロウ, 年齢: 32
名前: アリマエイジロウ, 年齢: 39
```

■名前で並べ替える

●メソッド「sorted」を用いる

データを並べ替える「アグリゲート処理」には、「sorted」というメソッドを使います。

第2章で学んだメソッド「Collections.sort」と似た名前ですが、こちらは「sorted」と完了形になっています。

「sortして、次の処理に送る」という意味があるのでしょう。

しかし、「Collections.sort」との関連は深く、「sorted」がとる引数も「Comparator」を実装するラムダ式です。

●「名前」で並べる

「名前」で並べてみましょう。「カタカナ」同士の比較なので、単純にメソッド「compareTo」が使えます。

リスト6-19に続けて、**リスト6-20**の「case文」を追加します。

【リスト6-20】メソッド「sorted」を用いる

```
case "sorted":

 customers.stream()
 .sorted((c1,c2)->c1.getName().compareTo(c2.getName()))
 .forEach((c)->System.out.println(c.getName()));
break;
```

プログラムを再コンパイルしてから、コマンド引数「sorted」で、「customersearch.CustomerSearch」を実行します。

実行例6-6の結果になることを確認してください。

【実行例6-6】コマンド引数「sorted」で実行した結果

```
アリマエイジロウ
イリサワミツヲ
コサカヒロコ
サカモトシュンタロウ
タカサゴユミコ
ナカジマレイコ
```

■「男性リスト」「女性リスト」に分ける

●メソッド「collect」を用いる

「男性」「女性」の、新しい2つのリストに分ける作業をしてみましょう。

＊

あるリストから「アグリゲート処理」によって別の新しいリストを作るには、メソッド「collect」を用います。

リスト6-21が基本的な使い方です。

【リスト6-21】メソッド「collect」の使い方

```
別のリスト=元のリスト.stream()...抽出処理...
.collect(Collectors.toList());
```

メソッド「collect」の引数に用いられている「java.util.stream.Collectors」は、**第2章**で使った「java.util.Collections」とは違うので、注意しましょう。

「Collectors」は、「メソッドcollectの引数を与えるのに使う」と考えてもかまわないと思います。

メソッド「collect」は、「アグリゲート処理上にあるデータ」(ストリーム上のデータ)を、リストなどの集合体に収めるメソッドです。

リスト6-21では、「Collectors」が静的なメソッド「toList」を呼んでいます。

これで、処理したデータのみを含む新しいリストが作られます。

*

まず、**リスト6-22**のように、「java.util.stream.Collectors」のインポートを宣言します。

【リスト6-22】「Collectors」をインポート

```
import java.util.stream.Collectors;
```

リスト6-20に続けて、メソッド「collect」を用いた**リスト6-23**の「case文」を追加します。

リスト6-23では、2通りの「アグリゲート処理」を行ないます。

「男性だけの抽出」と「女性だけの抽出」です。データをそれぞれ別の新しいリストに収めた後、簡単に名前のみを出力します。

なお、**リスト6-23**ではそれぞれが独立したリストに収まったことを示すために、最初に作ったリスト「men」を、リスト「women」の後に出力します。

【リスト6-23】メソッド「collect」を用いる

```
case "collect":

 //男性だけを抽出、リストmenに収める
 List<Customer> men = customers.stream().
 filter(c->c.getGender()==Gender.MAN)
 .collect(Collectors.toList());

 //女性だけを抽出、リストwomenに収める
 List<Customer> women = customers.stream().
 filter(c->c.getGender()==Gender.WOMAN)
```

```
  .collect(Collectors.toList());

  //名前を並べ替えて表示
  System.out.println("女性一覧");
  women.stream()
  .sorted((c1, c2)->c1.getName()
  .compareTo(c2.getName()))
  .forEach((c)->System.out.println(c.getName()));

  System.out.println();

  System.out.println("男性一覧");
  men.stream()
  .sorted((c1, c2)->c1.getName()
  .compareTo(c2.getName()))
  .forEach((c)->System.out.println(c.getName()));

break;
```

*

プログラムを再コンパイルしてから、コマンド引数「collect」で、「customersearch.CustomerSearch」を実行します。

実行例6-7の結果になることを確認してください。

【実行例6-7】コマンド引数「sorted」で実行した結果

```
女性一覧
コサカヒロコ
タカサゴユミコ
ナカジマレイコ

男性一覧
アリマエイジロウ
イリサワミツヲ
サカモトシュンタロウ
```

●ストリーム作成上の効率

リスト6-23では、リスト「men」「women」を作るときには特に並べ替えを行なわず、後で出力するときに名前で並べ替えています。

なぜ、最初から名前で並べ替えたリストを作らないのかというと、せっかく並べておいても、これらのリストに新たに要素が加われば、そのたびに並べ替えが壊れるからです(本書ではこれ以上リストを増やしませんが)。

リストを細かく変更し、抽出する要素数がいつも少ないときは、リストを並べ替えるより、取り出したときのストリームの順序を並べ替えたほうが効率的です。

逆に、リストの変更頻度が少なく、一回で抽出される要素がいつも多数である場合は、並べ替えをしてからリストを作ったほうが効率的です。

■ひとつでも条件を満たせば

●メソッド「anyMatch」を用いる

「条件を調べる」目的のひとつに、「ひとつでも条件を満たすものがあればこうする、なければこうする」という判断もあります。

たとえば、顧客の中に20歳未満の人が一人でもいれば、「もれなくお酒のプレゼント」などという企画は立てられません。

それを調べるのが、「anyMatch」「allMatch」などのメソッドです。

*

リスト6-23に続けて、メソッド「anyMatch」を用いた**リスト6-24**の「case文」を追加します。

リスト6-24では、年齢が「20」より小さいメンバーが一件でも見つかった場合と、そうでない場合とで出力を分けています。

【リスト6-24】メソッド「anyMatch」を用いる

```
case "anymatch":

 if(customers.stream()
 .anyMatch((c)->(c.getAge()<20))){

   System.out.println("成人向け企画は中止");
 }
```

```
 else{

   System.out.println("問題なし");
 }
break;
```

プログラムを再コンパイルしてから、コマンド引数「anymatch」で、「customersearch.CustomerSearch」を実行します。

実行結果は、実行時期によって、「成人向け企画は中止」か「問題なし」のどちらかが表示されるでしょう。

「Customer.java」のメソッド「listCustomers」において、メンバーの「誕生日」の値を変えて実行し、結果を比べても面白いと思います。

■製品のサイズごとに人数を数える

●メソッド「count」を用いる

リストの要素数を求めるには、メソッド「count」を用います。

＊

購買した製品の、サイズごとの人数を数えて表示しましょう。

リスト6-24に続けて、メソッド「count」を用いた**リスト6-25**の「case 文」を追加します。

【リスト6-25】メソッド「count」を用いる

```
case "count":

 for(Size s: Size.values()){

   long sizecount = customers.stream()
   .filter(c->c.getSize()==s).count();

   System.out.println(s.toString()+": "+sizecount);
 }
break;
```

●「count」の戻り値は「long」

リスト6-25で、メソッド「count」の使い方は簡単です。

ただし、戻り値が「int」ではなく「long」であることに注意しましょう。
これは、より大規模なデータ処理に対応するためでしょう。
つまり、「count」の戻り値を受け取る変数「sizecount」を、「long」(長整数)であると宣言しなければなりません。

ですが「文字列」と組み合わせて表示できるなど、扱いは「int型」とそれほど違いません。

●「列挙型」について繰り返す

リスト6-25では、ラムダ式が繰り返し処理の中に書かれています。列挙体「Size」の各値についての繰り返しです。

そこで、ラムダ式の中に変数として「c」と「s」がありますが、「s」はラムダ式の関数の変数ではなく、「forループ」の変数です。
繰り返すたびに、異なるラムダ式を条件にメソッド「filter」が呼ばれる仕組みになります。

●プログラムの動作確認

プログラムを再コンパイルしたら、コマンド引数「sorted」で、「customersearch.CustomerSearch」を実行します。
実行例6-8の結果が得られることを確認してください。

【実行例6-8】コマンド引数「count」で実行した結果

```
SMALL: 1
MIDDLE: 3
LARGE: 1
XLARGE: 1
```

■要素の中の数値を計算

「Stream API」のメソッドは他にもありますが、ラムダ式的に大きな特徴はないので、次の2例で最後にします。

「要素数」そのものを数えるのではなく、「要素の中の数値」を計算する方法です。

●メソッド「sum」を用いるシナリオ

「Stream」の「デフォルト・メソッド」である「sum」を使ってみましょう。

「sum」は、ストリーム上の各要素の「数値データ」の総計を求めるメソッドです。

*

いまクラス「Customer」のオブジェクトがもつ、「数値」に関連するデータと言えば、プロパティ「birthday」から計算される「年齢」だけです。

しかし、「年齢の総計」を求めるというのも不自然なので、以下のようなシナリオを考えます。

*

購買動向の分析のために、製品の「サイズ」にそれぞれポイントをつけたとします（つけてどう分析するかまでは考えません）。

製品のサイズは列挙型「Size」の要素です。

これとポイントの関係を、**リスト6-26**のようなハッシュマップ「point」で表わします。

【リスト6-26】製品のサイズとポイントの関係を表わすハッシュマップ

```
HashMap<Size, Integer> point = new HashMap<>();
point.put(Size.SMALL, 1);
point.put(Size.MIDDLE,3);
point.put(Size.LARGE, 5);
point.put(Size.XLARGE,10);
```

そのため、実行クラスを定義する「CustomerSearch.java」に、「java.util.HashMap」の「インポート文」を加えておきます。

【リスト6-27】「HashMap」のインポート

```
import java.util.HashMap;
```

ハッシュマップ「point」に基づいて、各メンバーの購入した製品のサイズに相当するポイントを拾い出すには、**リスト6-28**のようなラムダ式を使います。

【リスト6-28】各メンバーのプロパティ「size」から、「point」の値を拾い出す

```
(c)->point.get(c.getSize())
```

●メソッド「mapToInt」が必要

メソッド「sum」を使うには、**リスト6-27**のように、取り出した値だけをストリームにする必要があります。

つまり、見えないところで数値だけの要素からなるリストを作るのです。

この作業は、「mapToInt」(整数の場合)、「mapToDouble」(小数の場合)などのメソッドで行なわれます。

＊

いまの例で扱いたいのは「整数」なので、「mapToInt」を用います。

リスト6-29のようなストリームによって、購入した製品により発生したポイントの総計が求められます。

【リスト6-29】「mapToInt」と「sum」を用いて、整数データの総計を求める

```
int allpoints = customers.stream()
.mapToInt(c->point.get(c.getSize())).sum();
```

このシナリオを実現するには、**リスト6-25**に続けて、メソッド「mapToInt」と「sum」を用いた**リスト6-30**の「case文」を追加します。

【リスト6-30】「mapToInt」と「sum」を用いた処理の完成

```
case "sum":

 HashMap<Size, Integer> point = new HashMap<>();
 point.put(Size.SMALL, 1);
 point.put(Size.MIDDLE,3);
 point.put(Size.LARGE, 5);
 point.put(Size.XLARGE,10);

 int allpoints = customers.stream()
 .mapToInt(c->point.get(c.getSize())).sum();

 System.out.println(
 "発生したポイントの総計："+allpoints+"点");
break;
```

プログラムを再コンパイルしたら、コマンド引数「sum」で、「customersearch.CustomerSearch」を実行します。

実行例6-9の結果になることを確認してください。

【実行例6-9】コマンド引数「sum」で実行した結果

```
発生したポイントの総計：25点
```

●メソッド「average」を用いる

クラス「Customer」のオブジェクトでは、「生年月日」のプロパティから「年齢」データを求めることができます。

「年齢」というと、「平均年齢」を求めるのはよくあることですね。

「平均」はメソッド「average」で求めますが、「average」は小数データを扱うことに決まっています。

そこで、リスト「customers」のメンバーの「平均年齢」を求めるストリームは、**リスト6-31**のようになります。

【リスト6-31】メンバーの平均年齢を求めるストリーム

```
case "average":

 OptionalDouble averageAge = customers.stream()
 .filter(c->c.getGender()==Gender.MAN)
 .mapToDouble(c->c.getAge()).average();

 //小数第一位まで表示
 String outString = String.format(
 "男性の平均年齢：%.1f歳", averageAge.getAsDouble());

 System.out.println(outString);
break;
```

●OptionalDouble型

メソッド「average」の戻り値は、「OptionalDouble」というデータタイプになります。

これは、オーバーフローなどエラーを防ぐ安全措置つきのデータタイプです。

取得したあと、「getAsDouble」というメソッドで「double型」のデータを得ます。このとき、数値に直せないようなデータは「null」を返すようになっています。

そこで、「CustomerSearch.java」に、「java.util.OptionalDouble」のインポートが必要です。

【リスト6-32】「OptionalDouble」のインポート

```
import java.util.OptionalDouble;
```

●小数の表示法

「double」の数値をそのまま表示すると、小数点以下の桁数が多すぎるので、表示の際は桁を「丸める」必要があります。

いまのシナリオでは、小数の正確な扱いは必要ありません。そこで、「小数第一位まで表示する」という文字列書式上の指定をしています（**第3-5節のリスト3-30**と同じ）。

＊

プログラムを再コンパイルしたら、コマンド引数「average」で、「customersearch.CustomerSearch」を実行します。

実行日時によりますが、たとえば**実行例6-10**のようになります。

【実行例6-10】コマンド引数「sum」で実行した例

```
男性の平均年齢：32.0歳
```

※「CustomerSearch.java」は本書サンプルプログラムの「sample/chap6」フォルダに収録してあります。

＊

「アグリゲート処理」のいろいろなメソッドを学ぶことは、ラムダ式自体の構造には関係ありませんが、「アグリゲート処理」を使えばラムダ式を使う機会が増えるので、いい訓練になると思います。

MEMO

附　録

附録A　本書内容をEclipseで試すときの注意点

■サンプルプログラムをEclipseなどで使うときの注意

●サンプルの文字コードは「Shift_JIS」

本書サンプルプログラムは、「Windows上でコマンド・プロンプトを用いて作業する」場合のために、日本語文字コードを「Shift_JIS」で書いてあります。

一方、Eclipseなどの開発ツールのエディタは、「UTF-8」を文字コードに用いている可能性が大きいので注意が必要です。

●「コピー&ペースト」で使う

と言っても、対処方法は簡単です。

Eclipseのプロジェクトの場合は、サンプルと同じ「パッケージ名」「クラス」のソースファイルを作ります。

一方で、サンプルプログラムを「テキスト・エディタ」で開き、Eclipseのエディタ上に、サンプルコードを「コピー&ペースト」します。
これで、解決です。

●「インポート」なら「UTF-8」に変換後

「インポート」などを用いて、サンプルファイルをそのままEclipseのプロジェクト・ファイルとして使う方法では、日本語の扱いに問題が出るかもしれません。
そのため、ファイルを直接使う際は、「テキスト・エディタ」などで文字コードを「UTF-8」に変換してください。

附録B Windowsの「コマンド・プロンプト」での実行

■「文字コード」について

付録Aにも述べましたが、Windowsの「コマンド・プロンプト」や「PowerShell」でJavaをコンパイル～実行する場合、ソースコードの日本語は文字コード「Shift-JIS」で書く必要があります。

本書のサンプルプログラムは、「Shift-JIS」で保存してあるので、そのまま使えます。

■「環境変数PATH」の設定

●「javac」コマンドのために必要

コマンドで「java」を実行するには特に必要なことはありませんが、コンパイルのコマンド「javac」を実行するには、Windowsの「環境変数PATH」にJDKの実行フォルダを登録しておく必要があります。

この作業は非常によく知られており、インターネット上などで方法が紹介されています。

筆者のホームページでも、以下のURLで解説しています。

```
http://supportdoc.net/support-general/env.html
```

■サンプルプログラムを適当な場所にコピー

●「章」ごとに分かれて入っている

サンプルプログラムは、本書の「章」ごとのフォルダ（「chap1」「chap2」など）に分かれて入っています。

たとえば、サンプルプログラムの「chap1」フォルダの中に「simplerunnable」というフォルダがあります。

そして、その中に「SimpleRunnable.java」というファイルが入っています。

これが、クラス「simplerunnable.SimpleRunnable」というクラスをビルドするための、フォルダの構造です。

●「ドキュメント」→「myjava」フォルダにコピー

自分の「ドキュメント」フォルダに「myjava」というフォルダを作って、そこに「simplerunnable」フォルダをコピーします。

「SimpleRunnable.java」ファイルのある場所は、**図B-1**のようになります。

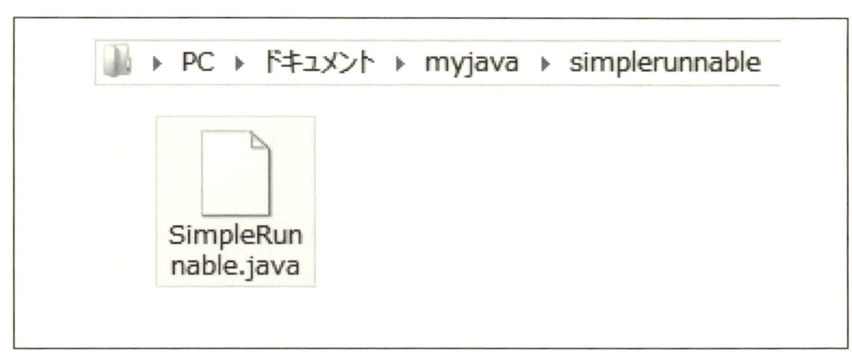

図B-1　「myjava」フォルダにコピーした「simplerunnable/SimpleRunnable.java」ファイルを確認

■「コマンド・プロンプト」で「myjava」フォルダまで移動

ソース・ファイルをコンパイルするだけでなく、クラスを実行することまで考えると、作業はパッケージ・フォルダ「simplerunnable」のひとつ上の階層となる「myjava」フォルダで行なうのが便利です。

●「Windows7」の場合

たとえば、「Windows7」であれば、スタートメニューから「コマンド・プロンプト」を起動すると、ユーザーフォルダ上にいることになります。

そこで、**実行例B-1**のように、「cdコマンド」を使って「ドキュメント」→「myjava」フォルダまで移動します。

【実行例B-1】「ドキュメント」→「myjava」フォルダまで移動

```
cd Documents/myjava
```

●「Windows8」以降の場合

「Windows8」以降であれば、もっと簡単です。

「ファイル・エクスプローラ」(フォルダ・ウィンドウ)で、「ドキュメント」フォルダを開きます。

そのとき、「ドキュメント」フォルダを開いたウィンドウから、「ファイル」というメニューを見つけてください。左上にあります。

そして、「ファイル」メニューから、「コマンドプロンプトを開く」を選びます(サブメニューまで出して、選ぶ必要があります)。

なお、「Windows10」の場合は、「Windows PowerShellを開く」というメニューを選択してください。

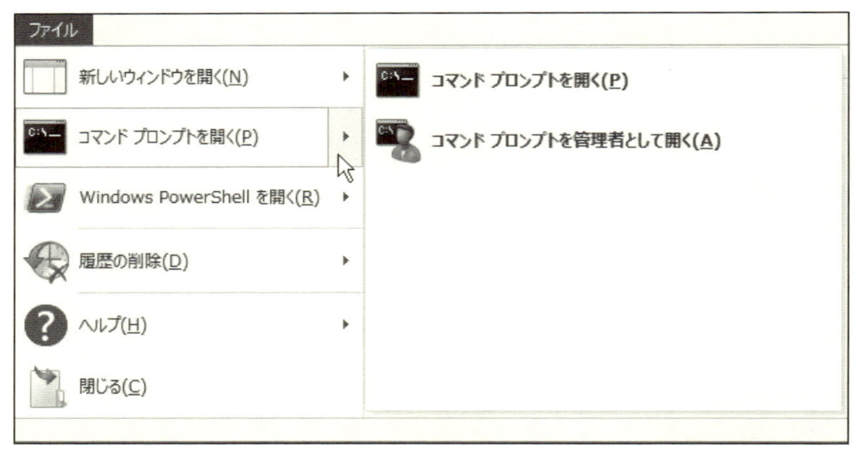

図B-2　「Windows8」の場合は「フォルダ・ウィンドウ」のメニューから、「コマンドプロンプトを開く」を選ぶ

「コマンド・プロンプト」(PowerShell)のウィンドウが立ち上がりますが、すでに「ドキュメント」フォルダに移動が完了しています。

このように、「Windows8」以降には、「フォルダ・ウィンドウ」で、いま開いているそのフォルダに移動が完了した状態で「コマンド・プロンプト」(PowerShell)を開く、便利な機能があります。

■「myjava」フォルダからのコマンド

●コンパイル（javacコマンド）

「myjava」フォルダから「SimpleRunnable.java」をコンパイルするには、パッケージフォルダの名前も加えて、**実行例B-2**のように入力します。

【実行例B-2】コンパイルのコマンド

```
javac simplerunnable/SimpleRunnable.java
```

エラーなくコンパイルできたら、「simplerunnable」フォルダの中に、「SimpleRunnable.class」が作られていることを確認してください。

ソース・ファイル「SimpleRunnable.java」と一緒の場所にあることになります。

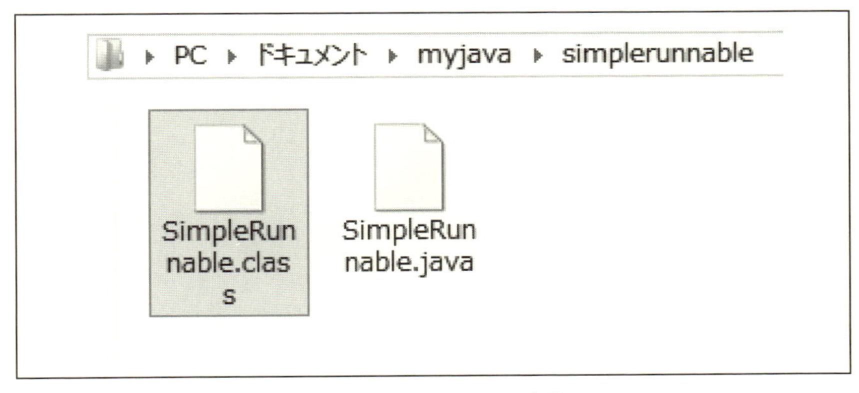

図B-3　クラスファイルの生成

●実行（javaコマンド）

図B-3のように作った「SimpleRunnable.class」は、「myjava」フォルダから**実行例B-3**のようにして実行できます。

【実行例B-3】プログラムの実行コマンド

```
java -cp . simplerunnable.SimpleRunnable
```

次の**図B-4**には、javaコマンドによる実行で、「ラムダ式」という出力が示されています。

```
C:¥Users¥supportdoc¥Documents¥myjava>javac simplerunnable/SimpleRunnable.java

C:¥Users¥supportdoc¥Documents¥myjava>java -cp . simplerunnable.SimpleRunnable
ラムダ式
```

図B-4　「コマンド・プロンプト」でのjavacと、javaコマンドの様子

「コマンド・プロンプト」上でのコンパイル～実行はなかなか面倒ですが、利点は実行時に「コマンド引数」を指定しやすいことです。

Eclipseのような GUIツールでは、「コマンド引数」は毎回プロジェクトの「実行の設定」画面を開いて設定欄を更新しなければなりません。

そのため、慣れればコマンド操作のほうが楽かもしれません。

附録C　SwingとJavaFXにおける「グリッド」

■第4章の補足

第4章では、「GUIプログラム」を扱いましたが、目的は「ラムダ式の書き方」なので、GUIの書き方自体についてはほとんど解説しませんでした。

そこで、ここで少し解説します。

■グリッド上で位置を細かく設定

Java、特に「Swing」でGUIプログラムを書いたことのある人は、「Border Layout」などに馴染みがあるのではないでしょうか。

「Swing」の基本的なレイアウト（部品配置）は簡単ですが、部品が少ないと画面の1/4をボタンが占めるなど、あまり現実的なGUI画面にはなりません。

現在、「Swing」で最も部品の位置や大きさを細かく決める仕様の配置は、「GridBagLayout」（「GridLayout」より詳しい）というものです。

「JavaFX」では、「GridPane」がこれに相当します。

■「GridBagLayout」の書き方

そこで、「Swing」の「GridBagLayout」について解説します。

第4章のリスト4-8で扱ったSwingアプリ「SwingOne」のソース・コードにおける考え方です。

「JavaFX」の「GridPane」については解説を省略しますが、ほぼ同様と考えてください。

●配置の設定をする専用オブジェクト

「GridBagLayout」では、グリッド上で部品を配置するための詳細情報を有するオブジェクトをひとつ作ります。

「SwingOne」では、クラス「GridBagConstraints」のオブジェクト「cstr」です。

【リストC-1】「SwingOne」に出てくるオブジェクト「cstr」

```
GridBagConstraints cstr = new GridBagConstraints();
```

「SwingOne」では、まずラベル「titleLabel」を作ります。

このラベルを、以下の位置に置くと決めます。

- グリッドの「0行」「0列」。
- グリッド内の余白は「上、左、下、右」の順に、それぞれ「10, 10, 0, 10」ポイント。
- グリッドの横幅は、グリッド3つぶん。

上記の情報を、**リストC-2**のように、オブジェクト「cstr」のフィールドとしてもたせます。

【リストC-2】オブジェクト「cstr」に配置情報を設定

```
cstr.gridx=0;
cstr.gridy=0;
cstr.insets=new Insets(10,10,0,10);
cstr.gridwidth=3;
```

そして、作っておいた「titleLabel」に、今の「cstr」情報をつけて、「GridLayout」に追加します。

【リストC-3】「titleLabel」に対しては今の「cstr」で配置

```
add(titleLabel, cstr);
```

●部品ごとにcstrの内容を変更

「SwingOne」では、「titleLabel」の下にラベル「nameLabel」を置きます。

「下」ですから、グリッド上の位置は「0行」「1列」になります。

また、後から作るテキストフィールドと横に並べて置くことを考えて、「グリッド幅は(3つのうちの)1つぶん」「左の余白を0」といった感じで調整します。

以上のように、オブジェクト「cstr」のフィールドを書き換えます。

【リストC-4】オブジェクト「cstr」の配置情報を変更

```
cstr.gridx=0;
cstr.gridy=1;
cstr.insets=new Insets(10,10,0,10);
cstr.gridwidth=3;
```

このように変更された「cstr」を、「nameLabel」をグリッド上に追加します。

【リストC-5】「nameLabel」に対して、変更された「cstr」で配置

```
add(nameLabel, cstr);
```

他の部品も同様です。

附録D 「java.time.LocalDate」の使い方

■第6章の補足

第6章(**第6-2節**以降)では、人物データに「生年月日」の情報を与えるのに、「java.time.LocalDate」というクラスを用いました。

これは、「Date and Time」APIで最も基本的なクラスのひとつです。

このクラスの使い方について、いくつか補足します。

● 「java.util.Calendar」との違い

Javaで日付を扱うには、従来は「java.util.Calendar」というクラスを用いて、**リストD-1**のように「年」「月」「日」を取得していました。

【リストD-1】「java.util.Calendar」を用いた日付の書き方

```
Calendar now = Calendar.getInstance();
int year = now.get(Calendar.YEAR);
```

実は「Java1.0」においては、「java.util.Date」を用いて、**リストD-2**のような書き方が可能でした。

JavaScriptでは普通に使う方法です。

【リストD-2】「java.util.Date」を用いた日付の書き方(Java1.0)

```
Date now = new Date();
int year = now.getYear();
```

ただ、**リストD-2**は次の「Java1.1」で「非推奨」になってしまいました。

理由は、「時差が考慮されていない」など、機能が不十分だったためです。

＊

しかし、「Date and Time」パッケージでは、**リストD-2**が「時差を考慮しなくてよい日付・時刻の計算限定」の用法として、復活しています。

【リスト D-3】「java.time.LocalDate」を用いた日付の書き方

```
LocalDate now = LocalDate.now();
int year = now.getYear();
```

●「日本式の日付」の書き方

「Date and Timeパッケージ」には、より高機能なクラスやメソッドがあります。

リスト6-14では、日付データを「日本式の年-月-日という書き方（外国では月-日-年だったりする）」「西暦は4桁」など設定するのに、「java.time.format.DateTimeFormatter」を用いています。

【リスト D-4】「java.util.Date」を用いた日付の書き方（Java1.0）

```
DateTimeFormatter formatter =
 DateTimeFormatter.ofLocalizedDate(
  FormatStyle.MEDIUM)//西暦は4桁
  .withLocale(Locale.JAPAN); //日本式

  return localdate.format(formatter);
```

MEMO

索　引

索　引

50音順

アルファベット順

■著者略歴

清水　美樹（しみず・みき）

東京都生まれ。
長年の宮城県仙台市での生活を経て、現在富山県富山市在住。
東北大学大学院工学研究科博士後期課程修了。
工学博士。同学研究助手を５年間勤める。
当時の専門は微粒子・コロイドなどの材料・化学系で、コンピュータや Java は結婚退職後にほぼ独習。毎日が初心者の気持ちで、執筆に励む。

［主な著書］

はじめての Kotlin プログラミング
はじめての Angular4
はじめての TyoeScript 2
はじめての「Ruby on Rails」5
はじめての Visual Studio Code
はじめての Atom エディタ
はじめての Mono プログラミング
はじめての「Android 5」プログラミング
はじめての Swift プログラミング
はじめての iMovie［改訂版］
はじめてのサクラエディタ
他多数　　　　　　　　（以上、工学社）

質問に関して

本書の内容に関するご質問は、

①返信用の切手を同封した手紙
②往復はがき
③ FAX(03)5269-6031
（ご自宅の FAX 番号を明記してください）
④ E-mail　editors@kohgakusha.co.jp

のいずれかで、工学社編集部宛にお願いします。電話によるお問い合わせはご遠慮ください。

●サポートページは下記にあります。

【工学社サイト】http://www.kohgakusha.co.jp/

I/O BOOKS

Java ではじめる「ラムダ式」

平成 29 年 11 月 20 日　初版発行　© 2017

著　者　清水　美樹
発行人　星　正明
発行所　株式会社工学社
〒 160-0004
東京都新宿区四谷 4-28-20 2F
電話　(03)5269-2041（代）［営業］
(03)5269-6041（代）［編集］
振替口座　00150-6-22510

※定価はカバーに表示してあります。

［印刷］図書印刷（株）

ISBN978-4-7775-2033-6